BIBLIOTHÈQUE D'HISTOIRE NATIONALE

JEAN IV

ET LA FONDATION DE

L'UNIVERSITÉ DE LOUVAIN

PAR

Mgr A.-J. NAMÈCHE

RECTEUR ÉMÉRITE DE L'UNIVERSITÉ CATHOLIQUE
DE LOUVAIN

Sans histoire de la patrie, point
d'amour de la patrie.
Inscription du Musée à Munich.

LOUVAIN
CHARLES FONTEYN, IMPRIMEUR-ÉDITEUR
RUE DE BRUXELLES, 6
1888

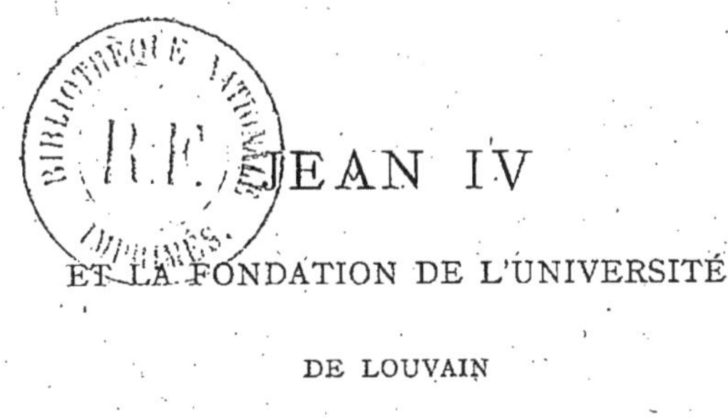

JEAN IV

ET LA FONDATION DE L'UNIVERSITÉ

DE LOUVAIN

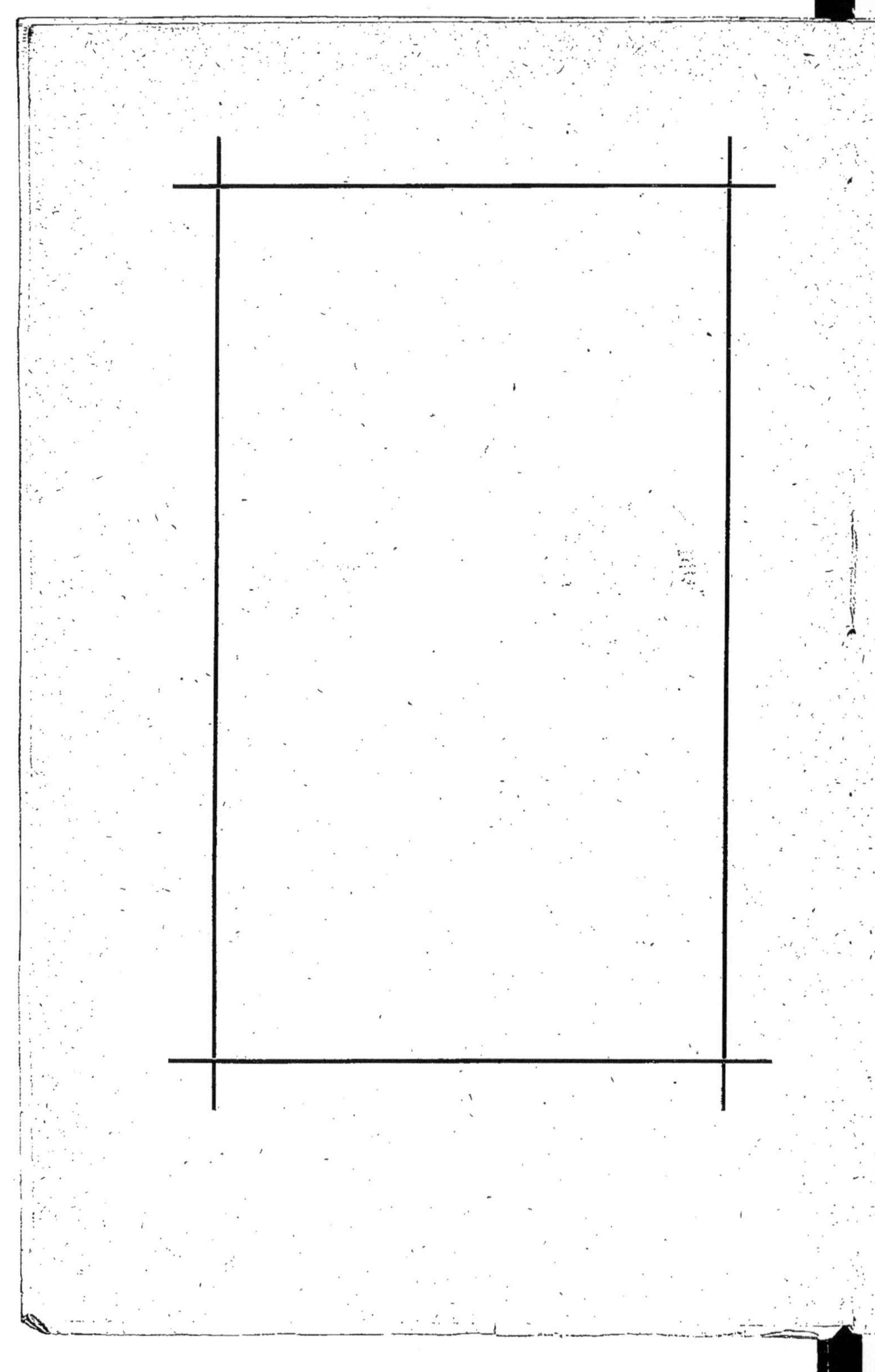

BIBLIOTHÈQUE D'HISTOIRE NATIONALE

JEAN IV

ET LA FONDATION DE

L'UNIVERSITÉ DE LOUVAIN

PAR

Mgr A.-J. NAMÈCHE

RECTEUR ÉMÉRITE DE L'UNIVERSITÉ CATHOLIQUE DE LOUVAIN

Sans histoire de la patrie, point d'amour de la patrie.
Inscription du Musée, à Munich.

LOUVAIN

CHARLES FONTEYN, IMPRIMEUR-ÉDITEUR

RUE DE BRUXELLES, 6

1888

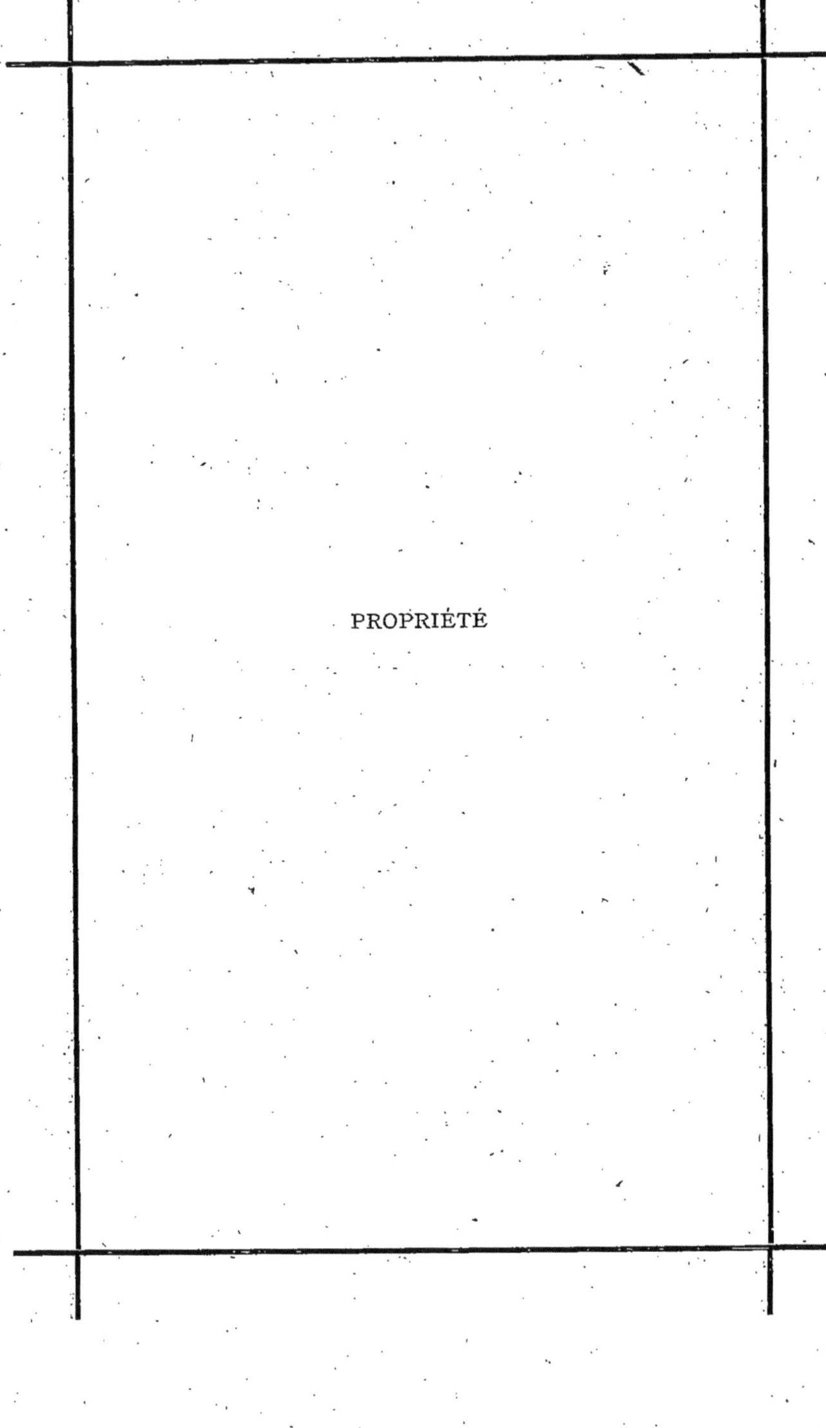

CHAPITRE Ier.

CARACTÈRE D'ANTOINE DE BOURGOGNE. — DIFFICULTÉS AVEC LES DÉPUTÉS DES VILLES. — EXPÉDITION CONTRE MAESTRICHT. — SECOND MARIAGE DU DUC.

La maison de Louvain, à laquelle succédait Antoine de Bourgogne, s'était complètement identifiée avec le peuple qu'elle gouvernait, et dont les franchises ne lui avaient jamais porté ombrage. Les princes bourguignons, auxquels le pays était tombé en partage, devaient apporter au gouvernement d'autres habitudes et d'autres tendances. Antoine, le premier, hautain et entreprenant, fut presque continuellement en lutte avec ses sujets. A peine inauguré, il introduisit des changements notables, mais utiles, il faut le reconnaître, dans l'administration. Il confia à un certain nombre de personnes désignées la charge de vérifier régulièrement la comptabilité des officiers publics avec tous les documents qui s'y rapportaient ; ce fut là l'origine de la *Cour des Comptes*. Une autre Cour, réorganisée en 1412, prit le nom de *Chambre de Tonlieu*.

Robert de Bavière, comte palatin du Rhin, appelé au trône impérial après la déposition de Wenceslas, revendiquait le Brabant comme dévolu à l'empire par défaut d'héritier mâle. Pour faire valoir cette prétention, il excita contre le nouveau duc le belliqueux Renaud de Gueldre. Antoine convoqua aussitôt les états et requit leur assistance. Mais, soit politique, soit fierté, il refusa obstinément de faire connaître l'ennemi qu'il voulait combattre. Les députés des villes, à l'exception de ceux de Bois-le-Duc et d'Anvers, piqués d'une pareille obstination, déclarèrent que le subside ne serait accordé que quand on connaîtrait à quoi il était destiné. Le duc, ayant fait de vains efforts pour vaincre leur résolution, prit le parti de s'adresser lui-même directement au peuple. Il se rendit à la maison échevinale de Bruxelles, et harangua d'une fenêtre la foule qui couvrait la place, lui demandant si elle voulait le suivre à la guerre. La multitude, toujours facile à émouvoir, répondait par des oui empressés, lorsqu'un échevin s'écria : « Que ceux qui ont crié *oui* marchent à leurs frais, la commune n'accorde pas le subside pour une expédition dont elle ignore le motif. » A ces mots, l'enthousiasme se refroidit, et bientôt la place fut déserte. Le duc n'en persista pas moins dans son projet : il équipa une armée de ses propres deniers, entra sans résistance dans Maestricht, qui avait refusé d'abord de le reconnaître, et reçut le 23 octobre 1407, près de Gavre, l'hommage de Renaud de Gueldre. A son retour, pour témoigner son mécontentement, il ne voulut accepter de réception en aucune ville.

Le 12 août 1407, le duc Antoine perdit sa femme, Jeanne de Saint-Pol, qui lui laissa deux fils, Antoine et Philippe. Ce veuvage donna occasion à un rapprochement entre les maisons de Bourgogne et de Luxembourg. Ce fut le duc de Bourgogne lui-même, Jean sans Peur, qui se chargea de faire les premières avances : il y voyait un moyen de mettre un terme aux réclamations de la maison de Luxembourg, qui invoquait toujours les droits à elle conférés par l'acte imprudent de 1357. Il demanda donc pour son frère la main d'Elisabeth de Gorlitz, fille unique de Jean de Luxembourg, marquis de Moravie, et nièce de Wenceslas, roi de Bohême, l'indigne chef d'une race illustre. Les négociations durèrent deux ans. Le chambellan du duc, Regnier Pot, fit plusieurs fois le voyage de Bohême pour conclure cette alliance, et y porta de riches présents en étoffes et en orfèvrerie. La chose ayant été menée à bonne fin, un noble cortège de chevaliers bourguignons et brabançons alla chercher la princesse en Bohême, et l'amena en grande pompe dans le Brabant. Elisabeth passa quelques jours à Louvain, où elle reçut un accueil magnifique. Antoine et le duc de Bourgogne, son frère, allèrent chercher la nouvelle épouse en cette ville, et l'amenèrent à Bruxelles le 13 juillet 1409. Les noces se célébrèrent trois jours après avec une splendeur inouie. La cérémonie religieuse eut lieu en l'église de Saint-Jacques sur Caudenberg. L'épousée portait un collier d'or garni de vingt-deux grosses perles, présent de Jean sans Peur, et une couronne fort riche empruntée à l'abbaye de Saint-Denis. Une vaste salle avait été improvisée devant le palais; elle était ornée à l'intérieur de tentures de drap d'or et de tapisseries de haute lice; des draperies rouges et blanches la recouvraient au dehors. Une sirène, placée à l'entrée, versait de ses mamelles des flots de vin du Rhin et de vin de Beaune. Toute cette nombreuse et puissante famille de Bourgogne était réunie avec une quantité de princes et de grands seigneurs. Au moment de se mettre à table, une querelle s'éleva pour la préséance entre les comtesses de Namur et de Saint-Pol; ni l'une ni l'autre ne voulut céder, et elles se retirèrent toutes deux dans leurs appartements. Après le festin, un tournoi fut donné sur la grand'place. Le comte de Clermont, prince du sang royal, parut dans la lice, ayant pour écuyers le duc de Bourgogne lui-même et le comte de Nevers. Le duc Antoine y signala aussi son adresse et sa bravoure, en renversant deux chevaliers dans l'arène.

Le 11 juin de l'année suivante, Elisabeth mit au monde un fils, qui reçut le nom de Guillaume. La naissance de cet enfant fut célébrée par de grandes réjouissances; les principales villes du Brabant assistèrent par leurs représentants au baptême du jeune prince, qui eut pour parrains Guillaume de Bavière, comte de Hainaut, et Jean, frère de celui-ci, évêque élu de Liège. Ces fêtes se tournèrent bientôt en deuil; l'enfant qui en avait été l'objet, le seul qui naquit de la nouvelle union, mourut l'année même de sa naissance.

En 1412, les querelles entre Antoine et les villes du Brabant recommencèrent. La petite ville de Batenbourg, en Gueldre, engagée au duc de Brabant, avait été reprise à l'improviste par les Gueldrois. Antoine demanda vainement aux états des hommes et de l'argent pour en faire le siège. Les villes entretenaient entre elles des rapports secrets, et délibéraient sur ce qu'elles auraient à faire dans le cas où le duc recourrait à la violence. Une réunion de leurs députés devait avoir lieu dans ce but à Louvain : le duc fit saisir en route ceux de Tirlemont et de Léau, qu'il retint prisonniers; les députés bruxellois auraient eu le même sort, s'ils n'avaient pris la précaution de se faire escorter par les archers de la ville. Aussitôt les états furent convoqués à Vilvorde; le prince s'y plaignit amèrement des mauvais procédés des villes à son égard. Celles-ci récriminèrent, et se plaignirent à leur tour de ce que leurs droits n'étaient pas suffisamment gardés et respectés par le duc, beaucoup plus occupé, disaient-elles, des affaires de la France que de celles du pays. Elles demandèrent ensuite que quelques membres du conseil ducal fussent désignés pour examiner les griefs particuliers de chacune d'elles. Le duc y consentit, et l'on confia cette mission aux chevaliers Henri de Berghes, sire de Grimberghe et sénéchal du

Brabant, Engelbert de la Marck, Arnoul de Crayenhem et Henri Bont. En attendant le résultat de l'enquête, Antoine quitta Bruxelles et se retira à Turnhout. Les commissaires se rendirent successivement dans les villes de Louvain, Bruxelles, Tirlemont, Nivelles, Léau, recueillirent tous les renseignements nécessaires, et vinrent rendre compte de leurs opérations au duc, toujours à Turnhout. Ce rapport le calma : il jura de veiller avec soin à l'avenir sur le maintien des droits de chacune de ces cités, et rentra à Bruxelles dans le courant du mois d'avril 1413.

CHAPITRE II.

MORT GLORIEUSE DU DUC ANTOINE A AZINCOURT.

A l'époque où nous sommes, la France se voyait en proie aux plus cruelles calamités. Charles VI était fou ; les sanglantes divisions entre les Bourguignons et les Armagnacs avaient épuisé le royaume. Henri V, roi d'Angleterre, profita de ces malheureuses circonstances et vint débarquer à l'embouchure de la Seine avec vingt mille hommes. Arrêtée cinq semaines au siège d'Harfleur, cette armée diminua rapidement. Elle était réduite de moitié, lorsque les Français résolurent de lui couper la retraite entre Azincourt et Framecourt, à trois ou quatre lieues de Saint-Pol et de Hesdin. Là eut lieu, le 25 octobre 1415, cette funeste journée qui renouvela les désastres de Crécy et de Poitiers, et où le duc Antoine devait trouver une mort glorieuse. Nous laisserons le soin de nous la raconter à l'historien De Dynter, secrétaire du duc, à la suite duquel il se trouvait alors :

« Assçavoir est que, l'an de la nativité de nostre seigneur Jhésus-Christ mil quatre cent quinze, par un lundi vingt et unième jour du mois d'octobre, le dessus dit, monseigneur le duc Anthoine, estant en son castel de Louvain, du soir entre huit et neuf heures, luy furent lettres parvenues escriptes en la ville de Péronne, le dix-neuvième jour dudit mois par le duc de Bourbon, faisant signifiement et savoir que legierement et sans arrest, en propre personne, il se venist combattre les Anglois.

» Lesquelles lettres requisitoires lues et oyes, le duc Anthoine tout prestement fit venir devant luy ses secrétaires et leur commanda que en cellement ils écripsissent lettres closes et patentes à tous les nobles, barons et officiers de sa duché de Brabant, que sans dilation ils le suivissent en tout la plus grant puissance de gens d'armes et de tract, et que ils partiroient en prenant leur chemin vers Cambray, là où de luy ils oroient nouvelles pour avec luy aler avec les Franchois et les seigneurs et princes de France combattre les Anglois, anciens ennemis de France. Et ceste propre nuit il envoya ung sien escuyer en la ville d'Anvers pour faire une semblable requeste, et, le mardi au matin, il s'en ala en la maison du conseil de la ville de Louvain, et requesta ceux de la ville que ils luy fissent ayde de gens d'armes et d'archers et d'arbalestriers, pour aller contre les Anglois, et se meist en chemin vers Mons en Haynaut, et puis vers Cambray, et là envoyoit-il nouvelles de luy, et ce mesme jour s'en ala à Bruxelles où il fit aux gouverneurs et consaulx de la ville une telle et semblable requeste que il avoit fait à Louvain et en Anvers, lesquelles bonnes villes luy accordèrent sa requeste, et firent tout prestement leurs gens d'armes arriver et habiller en très-grant nombre et appareil d'armes, et se mirent le lendemain tous à la voye.

» Quant le duc Anthoine eut fait requeste et quelle le eust esté octroyée, il se en ala de nuit à la Furè (Tervueren), et le merquerdy, vingt troisième jour dudit mois, il se retourna à Bruxelles, là où il commanda à maistre Edmond (De Dynter lui-même), son secrétaire, que il venist parsuivre après luy. Et lors ledit duc se partit de Bruxelles et se alla tant de jour et de nuit que il vint à Mons en Haynaut et se passa parmi la ville à environ onze heures de la nuit, et vint au matin à Valenciennes, où il s'arresta ung petit, pour faire repaistre les chevaux, et puis s'en partit et chevaucha tant que le jeudy il vint à Lens en Artois, envers dix heures en la nuit.

» Quant che vint le vendredy au matin, envers quatre heures, il se partit de Lens et s'en alla à Pervès, où il fist dire une messe par frère Hector de Vitri, de l'ordre des préscheurs, son confesseur, auquel devant le Introït de la messe il se confessa de tous ses péchiés, et puis luy pardonna son dit confesseur sa pénitance et le absolva de ses péchiés. Et quant la élévation du corps de Jhésu-Christ fut faite, anchois que la messe fust finie, survint là ung appelez Robin Daule qui luy reporta nouvelles que les Anglois seroient combattus che propre jour devant disner. Lesquelles nouvelles oyant le duc Anthoine, après que il eúst rechupt la sainte communion du corps de Jhésu-Christ, luy et les autres nobles qui estoient auprès luy attachèrent le signe de la croix sur leurs vestemens et cottes d'armes, montèrent à cheval et se mirent tost et hastivement en chemin pour venir à la bataille, et y avoyt environ de là deux lieues jusque au lieu où la desconfiture se fist, en laquelle il mourut piteusement. Dieu veuille avoir son âme en lieu de repos.

» Et maistre Edmond dessus dit, selon le commandement à luy baillé par ledit duc Anthoine, se mist en chemin pour le suivre et se partit de Bruxelles le jeudy vingt quatrième jour dudit mois, et vint de nuit à Braine-le-Comte, et, le lendemain, qui estoit vendredy, à Mons en Haynaut et en nuit en Valenciennes, le samedi au disner à Douay, là où il trouva plusieurs nobles hommes, tant de Brabant comme de Haynaut, qui se hastèrent et apointèrent pour aller à la bataille, et là à eux en disnant leur seurvinrent les piteuses nouvelles de la mort du duc Anthoine et de la bataille perdue de la part des Franchois.

» Item est assçavoir que, ce mesme jour, furent audit duc Anthoine, lui estant sur le chemin, présentées plusieurs lettres de par son frère le comte de Nevers, lequel son dit frère luy exhortoit et admonestoit que il se hastât pour venir à la bataille. Item rechupt-il ossy lettres de monseigneur de Cuvilliers et de Robin Daule qui ossy luy escripsoient certaines nouvelles des Anglois. Luy furent ossy entre autres lettres présentées, meisme sur le voye, de par Willems, comte de Steyne, seigneur de Rhode-Sainte-Agathe, de monseigneur Regnier de Berghe, chevalier, de maistre Nicolas Destre, de Philippe de Pervès et de maistre Jehan, des marchands lesquels le duc Anthoine avoit envoyés en ambaxade devers le roy de Franche, qui lui escripsoient ossy les nouvelles que ils soyent devers les Anglois :

mais il ne lut point toutes ces lettres; laquelle chose se il eust fait, il ne se fust point adventuré tant hatifs; mais les aultres lettres il les lut toutes et parchou se hastoit-il ossy, et de ces aultres lettres il commanda à son confesseur que il les délivrât toutes à maistre Edmond dessus dit, comme baillées luy furent depuis par ledit confesseur....

» Le roy d'Angleterre fit ses archers mettre devant sur les ailes, et ses hommes d'armes bien rangiés en ordonnance. Et les princes de Franche firent tout le contraire, car leurs archiers et arbalestriers et ossy tous leurs gros varles, ils mirent en sur d'eux, ne voulant avoir leur ayde, proposant par leur grant orgueil prendre ou debeller et desconfire ledit roy d'Angleterre et ses Anglois, à force d'espées et de bras, comme ceux qui bien estoient dix nobles Franchois contre un Anglois, et pour rompre bataille des archiers, ils ordonnèrent que messire Clignet de Brabant avec mille et deux cents hommes d'armes à cheval bien armés et abillés, lances avalées, se bouteroient sus yceulx archiers pour les séparer et soustraire des hommés d'armes anglois. Lequel Clignet se vint pour cuider rompre ycelle bataille d'archiers, mais il ne puet comme yceulx archiers se tenoient si serrés en leurs pas que ledit Clignet ne puet mies entrer en eulx, et quant il vit que il ne feroit de ce rien, il se fut ès tentes des Anglois, cuidant que par ycelles deust desparquier, mais non firent, et laissèrent prendre toutes leurs baghes et harnais.

» Et tandis que ledit Clignet estoit en ces tentes, défroquant et pillant, les archiers anglois tiroient sur ces princes et nobles hommes de Franche flesches à descroy, qui leur donnoient si grant empeschement qu'ils ne les puerent si tost approchier que ils volsissent pour combattre main à main. Et lors perchurent Franchois le dommage que ils avoient par che que ils avoient refusé leurs archiers, arbalestriers et gens varles, et les Anglois perchurent quel profit ils avoient par leurs archiers.

» Et quant les deux parties furent venues main à main, adonc arriva le duc Anthoine auprès la bataille, où il s'arresta dessoubs une épine, auprès un buissonart, et là il descendit avec aulcun peu de ses nobles hommes, car les autres gens d'armes de ses bonnes villes et de son pays ne estoient si tost venus; ses armoiries n'estoient encore venues, ne il n'avoit nulle de ses propres armes, ne nulles cottes d'armes, ne bannière, ne pennon; et partant, il vestit les armes d'un sien chambellan nommé Gobelet Vosken, et pour sa cotte d'armes il prit le blason d'un sien trompette, et fist un trou en milieu, et le mist en sur son col; et pour bannière il prit l'autre blason de l'autre trompette et le attacha à sa lance, et en che point il entra à la bataille avec une partie de gens auprès luy. Ledit Gobelet portoit devant luy son enseigne, et se bouta en la bataille sur les Anglois, par le lieu dont Clignet de Brabant estoit issu. Et se vint en criant : Brabant! Brabant! mais véritablement après ceste entrée, la bataille devint moult peu que les Franchois ne tournassent incontinent à desconfiture, et par leur orgueil tous prins ou mors; les Anglois en eurent la victoire.

» Adonc retourna ledit Clignet à toute sa bataille, non point pour combattre, mais que mieux puet estre pour piller. Par quoi le roy d'Angleterre croyant que les Franchois se fussent rassemblés pour le combattre et debeller, fist à son de trompe crier par tout son ost et commander que chacun tuast et ochist son prisonnier, et par cha périt plusieurs princes et nobles qui pris estoient en vie, et furent piteusement ochis. Laquelle chose appert notoirement par le duc Anthoine, car après la bataille il fut trouvé navré tant seulement ou chief et en la gorge, laquelle chose ne se pouest faire se il eust eu son heaulme. Il fut ossy trouvé bien loing de là où la bataille avoit esté, et ses gens à l'environ de luy. Qssy dirent plusieurs qui furent prisonniers avec luy que ils le virent grant piecha après la bataille que on le tenoit prisonnier. Mais ils n'osèrent parler à luy à cause de che que ils cuidoient par apoint que il deust avoir large ranchon. »

Les restes d'Antoine furent rapportés à Bruxelles, où des obsèques magnifiques furent célébrées à Sainte-Gudule ; de là ils furent conduits à Tervueren, et placés dans une tombe creusée à l'intérieur du chœur de l'église paroissiale. Avec le duc périrent à Azincourt les frères Henri et Philippe de Liedekerke, Engelbert d'Enghien, Philippe de Fontaine, Aleman des Ecaussines, et plusieurs autres. Jean de Rotselaer, Corneille de Liedekerke, frères des précédents, Nicolas de Saint-Géry, Jean de Glimes restèrent prisonniers.

CHAPITRE III.

CONSEIL DE RÉGENCE. — PORTRAIT DU NOUVEAU DUC JEAN IV. — IL ÉPOUSE JACQUELINE DE BAVIÈRE, COMTESSE DE HAINAUT ET DE HOLLANDE.

Antoine de Bourgogne n'avait pris aucune disposition pour la tutelle de ses enfants ; les états de Brabant se trouvèrent de fait investis de l'autorité souveraine et du gouvernement du pays. Ils se montrèrent, par l'union des volontés et l'énergie de l'action, à la hauteur de cette situation difficile. Après avoir fait apposer les scellés sur toutes les chambres du palais, ils proclamèrent, en assemblée solennelle, le 4 novembre 1415, leur intention de rester unis, de s'aider mutuellement à supporter les charges du duché, de maintenir leurs privilèges, et de forcer à la soumission quiconque s'opposerait à leur autorité. Douze abbés, cent quinze nobles, et vingt-huit villes ou franchises du Brabant et du Limbourg scellèrent cette déclaration. Un des premiers soins des Etats fut de pourvoir à l'administration du pays; ils instituèrent à cet effet un conseil composé de deux abbés, Jean d'Affighem et Jean de Tongerloo; de trois barons, les sires de Diest, de Wesemael et de Melin; de deux chevaliers, Henri de Heverlé et Jean de Huldenberg; d'un député de chacune des quatre principales villes du Brabant, savoir : Rase de Gavre, de Louvain; Renier Moers, de Bruxelles; Nicolas van Steland, d'Anvers; et Henri de Westhusen, de Bois-le-Duc. Ce conseil répondit pleinement au choix des Etats; son administration fut marquée au coin de la prudence et de la modération. Il mit ses premiers soins à affermir la paix avec les Liégeois, le duc de Gueldre et les autres puissances limitrophes. Il fit ensuite reconnaître l'héritier légitime, Jean IV, dans les villes les plus importantes du duché, après avoir décrété que le nouveau duc serait tenu de renouveler son serment, lorsqu'il aurait atteint l'âge de quinze ans, fixé pour sa majorité. En conséquence, Jean fut inauguré à Louvain le 13 janvier 1416, et le 16 du même mois à Bruxelles. Le 24 février suivant, il ratifia tout ce qu'avait fait le conseil choisi par les Etats, et en nomma les membres ses conseillers perpétuels.

Des difficultés graves, provenant de différentes sources, vinrent assaillir les conseillers du jeune prince, au début de son règne. Leurs premiers embarras furent causés par la veuve du dernier duc, Elisabeth de Gorlitz, qui aspirait à la régence. Elle s'était retirée d'abord à Turnhout, mais elle consentit à revenir à Bruxelles, à la demande des Etats, qui lui offrirent un logement au palais, et une dotation provisoire de cinq mille couronnes de France. Ses prétentions et sa légèreté ne tardèrent pas à la brouiller de nouveau avec les représentants du pays. Elle quitta brusquement le palais, pour aller habiter la demeure de sa favorite, Clémence de Florenville, femme d'Everard Boete. Enfin, le 16 juillet, elle partit secrètement de Bruxelles et se rendit à Hal, d'où elle écrivit que des affaires pressantes la rappelaient dans son duché de Luxembourg.

Sur ces entrefaites étaient arrivés des ambassadeurs de l'empereur Sigismond, son oncle, avec mission de réclamer des Etats la remise du duché entre ses mains, comme fief dévolu à l'empire, faute d'héritiers mâles, et la constitution d'un douaire convenable en faveur d'Elisabeth. Les Etats, cherchant à gagner du temps, firent d'abord une réponse évasive, et finirent par prononcer un refus formel.

L'empereur refusa de son côté l'investiture du duché à Jean IV, et s'exhala en plaintes amères contre l'influence française dans le Brabant. Le duché resserrait en effet, dans ce moment là même, les liens qui l'unissaient à la maison de Bourgogne et à la France. Jean sans Peur avait fait aussi des démarches pour être déclaré régent du Brabant, durant la minorité de son neveu. Le clergé et les nobles ne s'étaient pas montrés très hostiles à cette proposition, mais les villes y avaient opposé une résistance insurmontable. Après de longs pourparlers, le duc de Bourgogne renonça à sa prétention, moyennant le payement de vingt-cinq mille couronnes de France, et contracta, le 15 novembre 1416, une alliance défensive avec les Etats contre toute attaque de l'empereur.

Pendant que les Etats et le conseil nommé par eux administraient si sagement les affaires du duché, le jeune prince, dominé par des courtisans dangereux, se laissait aller à ces entraînements de luxe et de dissipation, qui devaient faire le malheur de son règne. Dès le commencement de l'an 1417, les villes se virent réduites, du consentement des prélats et des nobles, à s'emparer de l'administration du domaine ducal, en garantissant au duc un revenu annuel de seize mille couronnes. Le trésorier Guillaume d'Assche et ses collègues furent remplacés par le sire de Rotselaer et Guillaume Dumont ou Vanderbergh, et obligés de rendre leurs comptes. Jean IV montra le peu de cas qu'il faisait des décisions des mandataires du pays, en nommant ce même Guillaume d'Assche amman de Bruxelles, sans s'enquérir de l'avis de ses conseillers. Les villes pressentirent les orages que recélait l'avenir, et, le 16 septembre 1417, Louvain et Bruxelles renouvelèrent leur alliance.

L'année suivante eut lieu le mariage si mal assorti entre le jeune duc et Jacqueline de Bavière, héritière des comtés de Hainaut et de Hollande. On eût dit que les rôles dans cette union malheureuse étaient intervertis, tant l'énergie virile de l'épouse contrastait avec la nature chétive et malingre du prince. « A ce temps-ci, dit le chroniqueur Chastelain, régnoit en Brabant le duc Jehan, qui peu ou néant se mesloit des guerres de France, car peu estoit enclin au harnois, et avec ce de féminin gouvernement, car en luy avoit peu de fait et peu de malice. Et pour ce, aucuns estans entour luy, qui le véoient simple, le gouvernèrent à leur prouffit, et peu au sien ne à ses pays. »

Les conséquences d'une si regrettable union ne tardèrent pas à se manifester. L'empereur

Sigismond, toujours mal disposé à l'égard du Brabant, avait adjugé les comtés de Hainaut et de Hollande, comme fiefs masculins, à Jean de Bavière, oncle de Jacqueline, si tristement fameux dans notre histoire. Celui-ci s'étant fait inaugurer à Dordrecht, les États de Brabant accordèrent avec empressement les troupes et l'argent nécessaires pour faire le siège de cette place ; ils exprimèrent même le désir que l'attaque eût lieu immédiatement par terre et par eau. Le trésorier Guillaume Dumont fit prévaloir l'avis contraire, sous prétexte que l'acquisition des navires entraînerait des dépenses trop considérables. L'entreprise mal combinée et poussée sans vigueur n'eût aucun succès ; on fut obligé de lever ignominieusement le siège.

Jean IV atteignit sa majorité cette même année, 1418, et renouvela solennellement le serment de garder les libertés du pays, le 5 mai à Louvain, le 7 à Bruxelles, le 13 à Anvers, et le 18 à Bois-le-Duc. Sa coupable indolence et son attachement aveugle à d'indignes favoris ne firent que se développer avec les années.

Il ne témoignait que de l'antipathie à ses plus fidèles serviteurs, le comte de Nassau, les sires de Berghes et de Heezewyck, honorés de la confiance des Etats, tandis qu'il s'abandonnait à la conduite du trésorier Dumont, qui en était détesté. Les Etats crurent devoir mettre un terme à ces abus, et ils le firent avec éclat. Dumont fut banni du Brabant, condamné à un pèlerinage à Saint-Jacques de Compostelle, et déclaré inhabile à tout emploi. Les villes de Louvain, Bruxelles et Anvers s'engagèrent de nouveau à rester unies, et de plus à n'accorder aucune aide au duc, aussi longtemps qu'il n'aurait pas chassé le favori flétri par cette condamnation.

Guillaume d'Assche, le nouvel amman de Bruxelles, refusa comme on devait s'y attendre, de publier la sentence des Etats; les échevins, de leur côté, lui signifièrent qu'ils ne le reconnaissaient plus en cette qualité, et le firent incarcérer. En même temps, ils prirent une ordonnance portant qu'aucun échevin, receveur ou doyen de métier ne pourrait à l'avenir accepter d'emploi du prince qu'un an au moins après sa sortie de charge, et que nul ne serait éligible à ces fonctions, s'il n'avait résigné depuis six mois celles qu'il tenait de l'autorité ducale. Un seul échevin fit de l'opposition à ces mesures : ce fut Everard T'Serclaes, le fils du libérateur de Bruxelles, mais partisan de la cour, et par là même d'autant plus impopulaire que la mémoire de son père était gravée plus profondément dans la mémoire des Brabançons. Il fut déclaré déchu des droits de son lignage, et impropre à exercer désormais aucune fonction de la commune.

CHAPITRE IV.

TRAITÉ DE GORCUM. — TRISTES DÉMÊLÉS DE JEAN IV AVEC SON ÉPOUSE, JACQUELINE DE BAVIÈRE. — TROUBLES SANGLANTS A BRUXELLES. — GRANDE CHARTE BRUXELLOISE.

—

Après l'humiliant traité de Gorcum, conclu vers la fin de cette année et dont il sera question plus loin, le duc avait envoyé à Bruxelles, Louis de Luxembourg, évêque de Térouane, et le frère de celui-ci, Pierre, comte de Conversan et sire d'Enghien, pour notifier aux échevins qu'il ne rentrerait dans leur ville qu'après la révocation prise contre ses favoris. Pendant que les envoyés de Jean IV se trouvaient à Bruxelles, on y apprit que le sire de Berghes venait d'être surpris par les partisans du duc, aux environs de Vilvorde, dans un voyage qu'il faisait à Malines pour visiter sa sœur, et qu'on ne l'avait relâché que sur l'engagement contracté par lui de se rendre le lendemain à Hal, pour s'y constituer prisonnier. Le peuple furieux voulait faire un mauvais parti aux deux frères de Luxembourg, qui eurent beaucoup de peine à se soustraire au danger, en protestant de leur innocence. Quant au sire de Berghes, il fut si affecté de ce qui lui était arrivé, qu'il mourut, peu de temps après, laissant ses biens qui étaient considérables à son gendre, Jean de Glymes.

La ville de Bruxelles avait rejeté la proposition du duc. Pour en témoigner son mécontentement, il alla s'établir à Mons avec Jacqueline, et ce fut là que son trésorier Dumont périt assassiné dans le palais même. Le sire de Rotselaer hérita de la charge de trésorier, et fit tous ses efforts pour réconcilier Jean IV avec la noblesse du duché; mais, malgré ses bons offices, il ne tarda pas à être remplacé.

Une nouvelle crise survint bientôt après. Guillaume d'Assche était toujours en prison, lorsqu'arriva, au mois de juin 1419, l'époque du renouvellement des magistrats communaux. Le duc refusa de les nommer, et Bruxelles resta trois semaines sans échevins, c'est-à-dire sans administration. Un pareil état de choses était intolérable; quelques conseillers du prince et des députés des villes de Louvain, d'Anvers et de Bois-le-Duc s'entremirent, et parvinrent à conclure un arrangement à Vilvorde, le 16 juillet. Guillaume d'Assche fut remplacé comme amman, et Jean IV nomma les nouveaux échevins. Il décida en outre, dans une charte émanée de lui à cette occasion, que, dans le cas où le duc refuserait encore par la suite de remplacer les échevins sortants, ceux-ci seraient autorisés et tenus, au besoin, à élire leurs successeurs. Jean IV ne rentra à Bruxelles que le 17 février 1420.

Par le traité de Gorcum, cité plus haut, Jacqueline et son mari cédaient à Jean de Bavière l'administration des villes de Gorcum, Dordrecht, Arkel, Leerdam, Rotterdam, la

Briel et de leurs territoires, à condition de prêter foi et hommage au duc de Brabant comme représentant de la comtesse sa femme; la collation des charges et magistratures devait se faire par moitié de part et d'autre; enfin il était stipulé qu'une somme de cent mille nobles d'Angleterre serait payée dans l'année au Bavarois.

Ce n'était pas assez pour son ambition. A peine un an s'était-il écoulé que la guerre recommença. Jean de Bavière s'était allié au duc de Gueldre et avait mis le siège devant Leyde, qui se rendit au bout de deux mois; Amersfoort assiégé ensuite se défendit avec plus de succès, et contraignit les assiégeants à se retirer. Enhardis par ce résultat, les habitants se joignirent à ceux d'Utrecht, pénétrèrent dans la Gueldre, et s'emparèrent de Wageningen, où ils exercèrent de grands ravages. Jean de Bavière les laissa faire, et attaqua la ville de Gertruidenberg, dépendante du Brabant. Il ne fut pas plus heureux là que devant Amersfoort. Toutefois il ne se découragea point, et, connaissant sans doute la faiblesse d'esprit et de cœur du duc de Brabant, il crut devoir essayer de l'intimider, et le menaça de mettre le duché à feu et à sang. Cette menace eut tout l'effet qu'il en attendait. Jean IV l'alla trouver, à l'insu de sa femme, à Martensdyck, et lui céda la régence de Hollande et la tutelle de Jacqueline pour douze ans. Chose à peine croyable, il y joignit même, pour obtenir la paix, la cession du marquisat d'Anvers et de la prévôté d'Hérenthals. Lorsque Jacqueline eut connaissance des actes inqualifiables de son indigne époux, la mésintelligence sourde qui existait depuis quelque temps entre eux éclata sans ménagement des deux côtés. Le meurtre de Guillaume Dumont, dit le Bègue, trésorier et indigne favori du duc, assassiné presque sous les yeux de Jacqueline, sans que celle-ci ou son représentant, le grand bailli du Hainaut, eût ordonné la moindre recherche à ce sujet, avait recommencé à faire présager les tristes suites d'une union entre deux caractères aussi essentiellement incompatibles. Cette fois-ci le duc, d'autant plus violent sans doute qu'il avait davantage la conscience de son tort, porta les choses à une extrémité qui devait les gâter sans remède. Il voulut enlever à sa femme les dames d'honneur de cette princesse, la plupart élevées avec elle, et les remplacer par des Brabançonnes que lui avaient désignées ses conseillers intimes, tous fort mal disposés à l'égard de Jacqueline. Celle-ci résista avec la hauteur et l'énergie naturelle de son caractère; sa mère, Marguerite de Bourgogne, alla trouver le duc, et ne put rien obtenir de cet esprit obstiné en proportion de sa faiblesse. La séparation fut décidée alors sans retour. Jacqueline partit avec sa mère, et se retira au château du Quesnoi. La conduite de son mari avait été si misérable que ses propres sujets, les Brabançons, prirent ouvertement le parti de l'épouse outragée.

Dans les duchés de Brabant et de Limbourg, le mécontentement était général. Embarrassé de son isolement, Jean convoqua les Etats à Bruxelles, mais la plupart des membres, les nobles particulièrement, à l'invitation de la ville de Louvain, se réunirent dans cette ancienne capitale du duché, et délibérèrent immédiatement sur les exigences de la situation. Ils résolurent d'écrire au duc pour lui reprocher les dilapidations du trésor, et l'informer qu'ils étaient résolus à refuser tout subside. Cependant une faible partie des députés aux Etats étaient assemblés à Bruxelles; ils envoyèrent quelques-uns des leurs à Louvain, pour prier leurs collègues de venir les rejoindre et les engager à la soumission. L'assemblée de Louvain refusa nettement, et prit sans hésiter la position la plus énergique. Par un décret du 15 août, elle condamna les mauvais conseillers du prince à un exil, qui ne devait cesser que lorsque la Hollande serait rentrée sous la domination du pouvoir légitime. Cet acte fut scellé par tous les nobles, par Louvain et par le plus grand nombre des villes du second ordre. Bruxelles, Anvers, Breda, Berg-op-Zoom, Steenberg, Aerschot et Sichem n'y adhérèrent que plus tard.

Les partisans peu nombreux du duc firent tous leurs efforts pour étouffer la voix réprobatrice du pays. Une ligue se forma dans ce but, et le nouvel amman de Bruxelles, Jean Cluting, en prenant possession de ses fonctions dans les premiers jours de septembre, promit sur son honneur et le salut de son âme, de rester fidèle aux principes de cette ligue, de consacrer ses biens et sa vie au service du prince, dont les ennemis n'obtiendraient jamais de lui ni trêve, ni merci. Jean IV, encouragé par ces manifestations, remplaça, le 11 septembre, les conseillers proscrits par des hommes plus détestés encore. Le nom seul d'Evrard T'Serclaes qui figurait parmi eux donnera une idée suffisante de l'ensemble du choix. Cet acte d'opiniâtreté détermina l'assemblée de Louvain à l'emploi d'un moyen extrême. Des députés furent chargés d'aller témoigner à la duchesse Jacqueline la part que le Brabant prenait à son infortune, et en même temps offrir la régence au frère de Jean IV, Philippe de Saint-Pol. Le jeune prince répondit à cet appel, et partit pour Louvain, où Jacqueline et sa mère vinrent le rejoindre. Une réunion des nobles et des villes fut convoquée à Vilvorde pour le 20 septembre, et le duc sommé de s'y trouver.

Au lieu de se rendre à cette invitation, il quitta Bruxelles furtivement, et gagna Bois-le-Duc. Là, il négocia des alliances avec l'étranger, et s'assura l'appui d'une multitude de seigneurs d'outre Meuse, parmi lesquels on distinguait Gérard de Clèves, comte de la Marck, le comte de Meurs, Jean de Los, sire de Heinsberg, Jean de Bueren, prévôt d'Aix-la-Chapelle; le nombre total s'élevait à plus de deux cents.

L'assemblée de Vilvorde considéra la fuite de Jean IV comme un abandon du pouvoir, et, agissant en conséquence, elle confia le gouvernement au comte de Saint-Pol, avec le titre de *Ruwaert*. Le 2 octobre 1420, ce prince fit son entrée à Bruxelles avec la duchesse et les Etats; le 3, la guerre contre Jean de Bavière fut résolue. L'expédition, entreprise au commencement de l'hiver, eut pour résultat la prise de Heusden. Presque en même temps, le 25 novembre, au palais de Caudenberg, et le 26, à la maison échevinale, quinze prélats, cinquante-huit nobles, et les représentants de vingt-six villes, approuvaient l'élévation du comte de Saint-Pol à la dignité de *Ruwaert*, et se donnaient expressément, dans l'acte où leur décision est consignée, la dénomination des trois Etats, *de drye Staten*, de Brabant. Le 29 du même mois, Philippe de Saint-Pol fit publier qu'il avait pris le gouvernement et le conservait à la réquisition des Etats, et pendant l'absence de son frère. Les Etats, de leur côté, exposèrent, dans un manifeste adressé à la noblesse et aux villes du Brabant, les motifs qui avaient dicté leur conduite.

Quoique le sentiment du pays fût unanime, Jean IV conservait un certain nombre de partisans à Bruxelles parmi les lignages ; et, à des degrés différents, les échevins choisis par lui étaient dévoués à sa cause. Le duc entretenait des relations avec les plus sûrs d'entre eux ; il leur fit demander secrètement s'ils croyaient qu'il pût revenir sans danger à Bruxelles, et s'ils étaient disposés à lui en faciliter les moyens. Ces magistrats, après s'être concertés avec leurs amis, envoyèrent une réponse affirmative au prince, et prirent toutes les mesures qui étaient en leur pouvoir pour assurer le succès de sa tentative.

Encouragé par cette réponse, Jean IV convoqua aussitôt ses amis et ses alliés de fraîche date; le 24 janvier 1421, il sortit de Bois-le-Duc, accompagné d'une troupe considérable de chevaliers, parmi lesquels on remarquait le sire de Heinsberg, avec son fils, et le prévôt d'Aix-la-Chapelle, Jean de Bueren. Il fit grande diligence, et arriva le même jour à Diest, où le comte de Meurs devait le rejoindre. Toutefois on l'attendit inutilement, car ayant trouvé les portes de Maestricht fermées, ce seigneur n'avait pu passer la Meuse, et avait été obligé de s'arrêter en chemin. Le duc quitta Diest à deux heures du matin, et, évitant les routes battues, arriva bientôt en vue de Bruxelles. Au-delà de Tervueren, il rencontra plusieurs échevins qui venaient au-devant de lui, amenant avec eux Jean Cluting, dépouillé récemment par les Etats de ses fonctions d'amman. Le duc lui rendit la verge blanche, emblême de ces fonctions, et reprit le chemin de Bruxelles, précédé par les magistrats venus à sa rencontre, et qui allaient faire les derniers préparatifs de sa réception.

Le duc comptait entrer sans difficulté, et sa surprise fut grande, en arrivant devant la porte de Louvain, de trouver cette porte fermée. Ses compagnons témoignèrent une vive impatience de ce contre-temps ; le mécontentement du sire de Heinsberg, à la vue de ce retard, s'exhalait surtout en termes fort vifs. On rapporte qu'une pauvre femme osa lui dire alors : « Seigneur, ne vous inquiétez pas tant du moyen d'entrer dans la ville ; songez plutôt au moyen d'en sortir, une fois que vous y aurez pénétré. » Voici ce qui s'était passé, et par quoi était causé le retard. La présence de cette troupe d'hommes armés aux environs de leurs murs avait été signalée aux trois échevins qui n'étaient pas dans le secret, et ils s'étaient empressés de convoquer le conseil de la commune pour délibérer sur ce qu'il y avait à faire. Quand on sut de quoi il s'agissait, une discussion des plus violentes s'engagea, mais les partisans du prince finirent par l'emporter, et il fut décidé qu'on le recevrait dans la ville, à la condition de n'y introduire avec lui que cent vingt cavaliers de son escorte, parmi lesquels ne se trouverait aucun banni ou étranger. Les sept échevins allèrent ensuite ouvrir la porte au duc, qui se morfondait depuis deux heures ; Jean entra d'abord avec cent-vingt cavaliers, comme on en était convenu, mais, après avoir fait quelques pas, il fit signe au reste de sa troupe de le suivre. Les bourgeois voulurent s'y opposer, mais un des échevins cria : « Laissez les entrer, laissez les entrer. » Le peuple se voyant trahi, se dispersa, et le duc et les siens prirent au galop le chemin du palais de Caudenberg. Philippe de Saint-Pol s'y trouvait; il reçut son frère avec froideur, et se retira après quelques moments d'entretien.

Le lendemain, Jean IV se rendait à la maison échevinale, où étaient assemblés les magistrats, leur conseil et les jurés des métiers. Il déclara qu'il n'était venu que pour rétablir la concorde et la paix, puis les engagea à joindre leurs efforts aux siens pour y parvenir. Le comte de Saint-Pol était parti le même jour, et s'était dirigé sur Louvain. Son frère craignit qu'il ne fût allé préparer une attaque contre lui et les siens; il convoqua les échevins au palais, et chercha à pressentir leurs dispositions, pour le cas où ses craintes se réaliseraient. Les magistrats offrirent de lui remettre les clefs des portes de la ville, mais il les refusa, disant qu'il se fiait en leur loyauté.

Le danger n'était pas là où le duc se le figurait; il était dans les manifestations imprudentes de ses compagnons, et dans leur cynique arrogance. On les voyait parcourir les rues, le fer à la main; dans les tavernes, ils se permettaient les propos les plus outrageants à l'adresse des Bruxellois. Dans la nuit du 27, plusieurs habitants notables furent prévenus qu'on méditait de sinistres projets contre les partisans des Etats, dont on voulait se défaire avant le retour du *Ruwaert*. L'amman Cluting était accusé de vouloir soulever le peuple, au cri de : « A bas les péages et les accises. » C'était réveiller les vieilles haines contre les patriciens, alors encore en possession de toute l'administration de la commune. Bientôt on annonce que les étrangers prennent les armes, et vont descendre dans la rue pour commencer l'attaque. Les échevins rassemblés à la hâte croient devoir faire un appel à la bourgeoisie, et, au bout de quelques instants, toute la place est couverte d'une foule armée aussi et menaçante.

CHAPITRE V.

TROUBLES SANGLANTS A BRUXELLES. — GRANDE CHARTE BRUXELLOISE (SUITE ET FIN).

JEAN IV, averti et frappé à son tour, se rendit à cheval, accompagné d'une faible escorte, sur le théâtre de ce rassemblement; il harangua les métiers, les exhortant à se tranquilliser et à retourner chez eux. On l'écouta peu ou point et il fut obligé de regagner son palais. La journée du 28 se passa assez tranquillement; mais, le 29 au matin, la multitude se porta devant le palais, demandant impérieusement qu'on lui livrât le sire de Heinsberg, que ses discours avaient rendu particulièrement odieux. Toute résistance paraissait inutile ; Heinsberg se remit lui-même aux mains des échevins qui le firent incarcérer. Tous les étrangers, à l'exception d'un petit nombre qui parvinrent à s'échapper, furent également arrêtés et emprisonnés.

Dans l'après-midi, arriva le comte de Saint-Pol, accompagné des représentants de la noblesse et des députés de Louvain et d'Anvers. Il fut reçu avec enthousiasme, et vanta beaucoup l'énergie et le courage de la commune qui venait, disait-il, de sauver la patrie tout entière. Le lendemain, il se rendit d'autorité au palais, et fit appréhender la plupart des conseillers et des serviteurs de son frère. L'amman Cluting fut déposé une seconde fois et remplacé par Jean de Dieghem. Les arrestations continuèrent le jour suivant. Les gens de métiers parcouraient les rues en armes et fouillaient les maisons, en proférant des paroles de menace et de vengeance. Tout annonçait de sanglantes et prochaines catastrophes.

Le samedi, 1er février, la commune armée

occupait le marché ; on lisait sur tous ces visages sombres et attentifs que quelque chose de sinistre se préparait. En effet, au bout de quelques intervalles d'attente, on vit arriver Gérard Vandenzype, sire de Denterghem, l'homme de confiance et le principal agent du comte de Saint-Pol. « Le moment de commencer est venu, dit-il. » Ces mots étaient le signal des supplices. Aussitôt parurent les sergents de l'ammanie ; ils amenaient Jean Cluting, leur ancien chef, et le geôlier Arnoul Vanderhoeven ; ces deux hommes furent les premières victimes, et payèrent de leur tête leur dévouement à Jean IV. Le reste du jour et toute la journée du lendemain furent employés à de nouvelles perquisitions. Vingt-et-un patriciens furent saisis, mis à la question, et laissèrent échapper dans les tourments des aveux qui servirent à leur condamnation.

La terreur était dans Bruxelles. Le 6 février, les gens de la suite des chevaliers étrangers et leurs serviteurs furent expulsés de la ville, désarmés et presque nus. Le même jour, on procéda au jugement des patriciens incarcérés à la *Steenporte* ; quatorze d'entre eux furent condamnés, par sentence du *Ruwaert*, des nobles et des représentants des trois chefs-villes, à une détention perpétuelle en dehors de Bruxelles. Une récompense de cinq cents couronnes fut promise à quiconque les livrerait morts ou vifs, dans le cas où ils viendraient à s'échapper. On fit ensuite le procès aux contumaces. Les échevins fugitifs furent bannis pour cinquante ans ; d'autres pour quarante, quelques-uns à perpétuité. On mit à prix la tête du sire d'Assche et de son fils. Les biens de tous les condamnés furent confisqués au profit des villes auxquelles ils appartenaient, en réservant toutefois, ce qui est remarquable dans un pareil moment, la part qui revenait de droit à leurs enfants.

Toutes ces condamnations furent publiées le 9 avec le cérémonial accoutumé ; et, dès la nuit suivante, les quatorze patriciens déclarés coupables furent conduits dans les diverses prisons qui leur avaient été assignées. L'énergie avec laquelle ces mesures furent exécutées, porta un coup mortel aux lignages. Les métiers étaient triomphants; ils profitèrent de l'occasion pour se faire accorder ce partage de l'autorité communale, l'objet depuis tant d'années de toutes les aspirations des plébéiens, le but de tous leurs efforts, et que nul, dans ce moment critique, n'eût osé leur refuser. Le 11 février, le comte de Saint-Pol leur concéda, dans une ordonnance mémorable et avec l'assentiment général, une série de privilèges et de droits politiques, que l'on a appelés fort justement *la grande charte bruxelloise.* Nous allons en donner l'analyse :

Les corps des métiers devaient former à l'avenir neuf groupes ou *nations, de negen natiën*, placés sous l'invocation des saints les plus vénérés de Bruxelles, savoir :

a) *La nation de Notre-Dame* comprenait les bouchers, les marchands de poisson salé, les marchands de légumes et les orfèvres.

b) *La nation de Saint-Gilles* était formée par les marchands de poisson de rivière, les merciers, les graissiers, les fruitiers, les bateliers, les plombiers.

c) *La nation de Saint-Géry*, par les tailleurs,

les chaussetiers, les pelletiers, les fripiers, les barbiers, les brodeurs.

d) *La nation de Saint-Jean* comprenait les forgerons, les serruriers, les chaudronniers, les couteliers, les peintres, les batteurs d'or, les vitriers, les tourneurs, les couvreurs en chaume et les plafonneurs.

e) *La nation de Saint-Jacques*, les boulangers, les meuniers, les brasseurs, les tonneliers, les ébénistes, les couvreurs en tuile, les marchands de vin en détail.

f) *La nation de Saint-Pierre*, les gantiers, les tailleurs, les ceinturonniers, les cordonniers, les savetiers.

g) *La nation de Saint-Nicolas*, les armuriers, les regrattiers, le métier dit des *quatre couronnés* composé des tailleurs de pierre, des maçons, des sculpteurs, des ardoisiers et des charrons.

h) *La nation de Saint-Laurent*, comprenant les tisserands, les foulons et les blanchisseurs.

i) *La nation de Saint-Christophe*, les tondeurs de draps et les teinturiers.

— Deux bourgmestres étaient mis à la tête

de la commune, l'un appartenant aux *lignages*, l'autre pris parmi les *nations*.

— Six conseillers, *raetsmannen*, et deux receveurs devaient également être choisis dans le sein des nations.

— Les bourgmestres étaient chargés de juger toutes les contestations, où la valeur de l'objet en litige ne dépassait pas une demi-livre tournois.

— Le choix et le mode de nomination des échevins n'étaient pas changés; seulement il était statué que ces fonctions ne pourraient être confiées à des personnes domiciliées hors de Bruxelles, ou tout au moins hors du ressort de l'ammanie, ni aux employés du duc ou d'un seigneur haut-justicier, attendu, disait la charte, que les échevins choisis précédemment parmi ces personnes avaient été trouvés peu profitables. Chaque année, les nouveaux échevins devaient présenter aux nations trois membres des lignages, parmi lesquels elles choisiraient le premier bourgmestre. — Le second bourgmestre, les deux receveurs et les six conseillers des nations étaient élus par les échevins, le second jour après la Saint Jean-Baptiste, sur une liste de vingt-sept candidats, dressée par les nations elles-mêmes. — Des centeniers, *honderste-mannen*, et des dizainiers, *thiende-mannen*, étaient choisis par centaines et dizaines d'habitants, pour commander les hommes de leur ressort, en cas d'alarme ou d'incendie. — Le conseil dirigeant de la cité (le premier membre, le magistrat, les seigneurs de la loi) était composé du premier bourgmestre, des sept échevins et de deux receveurs patriciens; du second bourgmestre, de deux receveurs et des six conseillers plébéiens. — Le second membre, ou large conseil, *wyden raedt*, comprenait en outre les anciens membres du magistrat et les doyens de la gilde de la draperie. — Le troisième membre était formé par les jurés des nations et les centeniers.

La charte de 1421 contenait quelques autres dispositions des plus importantes. Ainsi elle statuait que personne ne pourrait être banni ou châtié corporellement sans décision publique et unanime du premier membre; que les bourgmestres et échevins seraient tenus de visiter les prisons tous les quinze jours; qu'aucun emploi ne serait accordé aux personnes de mauvaise vie ni aux bâtards; que les fortifications élevées à l'intérieur des portes de la ville seraient démolies, et les chaînes qui en défendaient l'approche et entravaient la circulation, enlevées.

Ces concessions si importantes, si inespérées même, ramenèrent pour quelques jours le calme dans la ville. Mais, tout à la fin du mois de février, Gérard Vanderstraeten, prévôt de Caudenberg, ayant été arrêté, on trouva dans ses papiers l'acte d'union des partisans du duc. C'en fut assez pour réveiller la colère populaire. Les patriciens emprisonnés naguère furent livrés à la torture, et leurs aveux mirent les métiers sur pied pour la seconde fois. Insurgée le 30 mars, la foule resta en permanence jusqu'au 3 avril. Il fallut pour l'apaiser de nouvelles expiations. Evrard T'Serclaes, Geldolphe de Caudenberg et Guillaume Pipenpoy furent décapités devant la maison échevinale. Ce n'était pas encore assez. De nouvelles imprudences appelèrent des supplices nouveaux. Le 7 juin, l'échafaud se dresse encore sur cette place du marché, où le sang a déjà coulé une première et une deuxième fois. Dix têtes le matin, quatre dans l'après-midi tombent successivement sous le glaive du bourreau, à la vue des échevins qu'entourent les métiers rassemblés et en armes.

Il fallait un terme à ces sanglantes exécutions. Jean IV le comprit, et, le 15 juillet, il approuva solennellement les privilèges accordés par son frère aux nations, ratifia les sentences prononcées contre ses conseillers et ses partisans, et défendit d'inquiéter qui que ce fût à ce sujet. Un peu plus tard, une partie des chevaliers étrangers furent relâchés, après avoir renoncé à toute prétention à charge du Brabant. La cession des terres de Gaesbeek, de Duffel, de Waelhem, d'Assche et de tous les autres domaines, confisqués depuis deux ans, jointe à une indemnité de cent soixante-quinze mille couronnes, dédommagèrent amplement le comte de Saint-Pol de la perte de son pouvoir momentané, auquel il ne renonça pourtant qu'avec répugnance. Pour compléter le rétablissement de l'ordre et de la légalité, les Etats, réunis à Louvain, décrétèrent, le 12 mai 1422, un ensemble de mesures connues sous le nom de nouveau règlement, et relatives, pour la majeure partie, à l'aliénation des domaines ainsi qu'à la nomination et à la gestion des officiers ducaux. La plupart des nobles et des villes adhérèrent à ce décret, qui rencontra à Louvain et à Bois-le-Duc une assez vive opposition.

CHAPITRE VI.

CRÉATION DE L'UNIVERSITÉ DE LOUVAIN.

Le règne de Jean IV nous est apparu jusqu'ici comme un règne profondément triste. Avec quel étonnement mêlé d'admiration voit-on à la fin, ce prince attacher son nom à une création doublement remarquable au point de vue du développement intellectuel et du développement de la nationalité belge : nous parlons de la création de cette université de Louvain, l'une des gloires les plus éclatantes et les plus pures de notre histoire. Pour apprécier dignement cette grande œuvre, il faut porter un instant notre attention au-delà des limites restreintes de la Belgique, et considérer le mouvement qui s'opérait au dehors dans les esprits. L'impulsion en était venue de l'Italie. Trois hommes illustres, *Dante*, *Boccace*, *Pétrarque*, avaient rallumé, au siècle précédent, le flambeau des études dans cette belle contrée ; Giotto et Cimabuë y avaient réveillé le génie des beaux-arts. La Belgique commençait à ressentir l'influence de ces exemples ; elle y avait droit, car elle avait toujours fait cas des choses de l'intelligence, et nous sommes heureux de rappeler que le plus grand des hommes que nous avons nommés tout à l'heure, *Dante*, cite parmi les maîtres les plus glorieux de son temps, un de nos compatriotes, *Siger de Brabant*, doyen de Notre-Dame, à Courtrai, et chanoine de Saint-Martin, à Liège. Le Brabant réunissait, à l'époque où nous sommes, un bon nombre de personnages lettrés ou voués au culte de l'art. C'étaient des hommes tels que les historiens Edmond de Dynter et Pierre Vanderheyden ou A. Thymo, le docteur André de Wesele, médecin célèbre et aïeul de Vésale ; l'architecte Jean de Ruysbroeck, qui conçut et exécuta le plan du magnifique hôtel de ville de Bruxelles ; le peintre Roger Vanderweyden, *magno e famoso Flandresco,* et le sculpteur Jacques de Germès, dit *de coperslaeger* ou le batteur de cuivre.

Mais une chose manquait à la Belgique si richement dotée d'ailleurs; il lui manquait un centre intellectuel, une de ces grandes écoles, où la science, comme un arbre aux mille rameaux abritât, sous ses branches fécondées par une sève unique, toutes les aptitudes et toutes les vocations. Les jeunes Belges étaient obligés d'aller chercher, dans les universités du dehors, à Cologne ou à Erfürt, à Paris ou à Orléans, cet enseignement supérieur que leur pays leur refusait. Quelques conseillers de Jean IV, parmi lesquels on cite spécialement Engelbert de Nassau, conçurent l'idée vraiment nationale de combler un vide regrettable et la communiquèrent à ce prince. Le duc l'accueillit avec faveur et toutes ses pensées se tournèrent vers l'exécution de ce projet. Il s'occupa d'abord du choix de la ville où la nouvelle institution pourrait être placée le plus convenablement : quelques-uns proposaient Malines, d'autres Bruxelles ; le duc opta pour Louvain, dont la situation lui parut plus avantageuse, et qu'il tenait à dédommager des pertes que cette ville avait essuyées par suite des troubles politiques et du dépérissement de ses manufactures d'étoffes de laine. L'ancienne capitale du Brabant appréciait d'ailleurs tout l'avantage qu'elle retirerait de l'établissement d'une université ; elle avait envoyé, le 3 juillet 1425, une députation à Jean IV, alors à Mons, pour le déterminer en sa faveur.

Ce choix arrêté, le duc fit partir pour Rome des ambassadeurs chargés de solliciter du souverain-pontife une bulle d'érection de la nouvelle université ; il se conformait en cela à une règle invariable observée au moyen-âge. Le sentiment unanime des peuples, réunis dans ce vaste ensemble qu'on appelait la chrétienté, avait compris que le pouvoir pontifical était seul assez haut et assez révéré pour comprimer toutes les résistances, obliger les influences subalternes à se réunir dans un même but, et garantir dans le domaine des croyances la pureté de la doctrine. La ville de Louvain députa de son côté, près du Saint-Siège, Guillaume de Neefs ou Nepotis, écolâtre de Saint-Pierre. Ce fut lui qui rapporta à Louvain, le 25 avril 1426, les bulles du pape Martin V, scellées le 9 du mois de décembre précédent.

Dans la bulle d'érection, le pontife exposait d'abord les motifs qui l'avaient déterminé. C'étaient, disait-il, principalement le devoir qui lui était imposé, comme chef de l'Eglise, de dissiper les ténèbres de l'ignorance, et celui d'étendre et d'encourager, dans l'intérêt de l'ordre public, les connaissances de tout genre. C'est pourquoi il déclarait que, mu par les instantes prières du duc de Brabant, des prévôt, doyen, écolâtre et chapitre de Saint-Pierre, ainsi que des bourgmestres, échevins et commune de Louvain; après une enquête sur la convenance des lieux, leur salubrité et les avantages qu'ils présentaient, de son autorité apostolique, il établissait à perpétuité dans

Louvain une étude générale *(studium generale)*, dans toutes les facultés, excepté dans la théologie, accordant aux docteurs, maîtres-ès-arts et étudiants, ensemble et en particulier, tous les droits et privilèges que ceux des universités de Cologne, de Vienne, de Leipzig, de Padoue et de Mersebourg tenaient du siège apostolique ou d'ailleurs; voulant que la connaissance et la décision de toutes les affaires dans lesquelles interviendraient les officiers, membres ou suppôts de l'université, n'appartinssent qu'au recteur, sans pouvoir être déférées en aucun cas au duc ou à ses successeurs; aux prévôt, doyen, écolâtre, chapitre de Saint-Pierre; aux bourgmestres, échevins ou commune de Louvain; ni à aucun de leurs mandataires; lesquels duc, prévôt et autres ci-dessus désignés devaient, comme ils s'y étaient obligés par leurs requêtes, dans l'espace d'un mois, à partir de la date des bulles, et sous peine de nullité de celles-ci, transférer au recteur et à l'université leur juridiction pleine et absolue.

Comme l'a fait remarquer le premier recteur

de la nouvelle université de Louvain, le Saint-Père et l'opinion avec lui sentaient le besoin de détacher les universités des autorités locales, afin de maintenir l'unité dans l'organisation et les mouvements de ces grands corps. On constate du reste une analogie frappante entre la liberté et l'indépendance du corps académique et celles de la commune à cette époque. L'université, comme la cité, était une petite république régie par ses lois particulières.

Le 18 août 1426, le duc notifia solennellement au monde chrétien l'érection de l'université de Louvain, et annonça l'ouverture des cours pour le 2 octobre suivant. Dans cet acte, une invitation générale était adressée à tous docteurs, maîtres-ès-arts, licenciés, bacheliers, et étudiants, tant étrangers qu'indigènes; les rois, princes, évêques étaient priés de leur permettre le passage sur leur juridiction, et de les protéger, eux, leurs familles et leurs biens. Jean IV terminait en déclarant qu'il prenait l'université sous sa tutelle, et défendrait de toute injure et violence, sur terre et sur eau, ceux qui en feraient partie. Cette pièce fut apportée à Louvain, le 23 du même mois, par le secrétaire du duc, Edmond de Dynter, qui y reçut des magistrats une généreuse hospitalité.

L'installation de l'université eut lieu le 7 septembre suivant. Le Saint-Père avait conféré le rectorat pour cinq ans à l'écolâtre Guillaume Neefs, qui avait dirigé la négociation à Rome. Le premier chancelier fut Guillaume d'Assche, maître du palais ducal et prévôt de Saint-Pierre. Les professeurs sortaient des écoles si célèbres au moyen-âge de Paris, de Vienne, de Cologne, de Pavie et de Bologne : c'étaient Jean de Groesbeke, docteur ès-droit; Nicolas de Prüm, de Prumea ou Prumius, également docteur en droit civil et en droit canon; Jean de Neele, docteur en médecine; Gérard Bruyn, doyen de Saint-Pierre et maître ès-arts; Henri de Mera, licencié en droit canon; Godefroid Crommens, Jean Van Thulden, Jean Rodolphi, Pierre de Renesse, Jean Stochelpot, Godefroid de Geniple, Jean Keerman, Alméric de Sichem, tous maîtres-ès-arts; et Jean Vandeplas ou

Lyranus, bachelier en droit canon. L'installation se fit avec une pompe qui montre bien comment on comprenait la grandeur de l'œuvre naissante. L'assemblée était choisie et brillante; on y remarquait le conseil de Brabant en corps, presque tous les abbés, et la majeure partie des nobles du Brabant. Une jeunesse nombreuse, accourue de toutes parts, se pressait déjà autour des nouveaux maîtres.

Nicolas de Prüm prononça le discours inaugural, dans lequel, après s'être réjoui des heureux auspices qui présidaient aux débuts de la jeune université, il fit un éloge magnifique de la science. Les leçons commencèrent le 2 octobre.

Le 5 du même mois, le chapitre de Saint-Pierre renonça, selon les prescriptions de la bulle, à l'exercice de sa juridiction sur les membres de l'université, et la transmit au recteur. L'évêque de Liège, Jean de Heinsberg, dans le diocèse duquel Louvain se trouvait à cette époque, éleva des difficultés qui ne s'aplanirent qu'avec beaucoup de peine. L'exercice de l'autorité spirituelle étant réglé dans le sens de la bulle, on termina ce qui était relatif à la juridiction civile. Déjà une députation avait été envoyée dans ce sens à Jean IV, qui l'avait reçue en audience à l'abbaye de Saint-Ghislain, en Hainaut, le 26 septembre. Le duc avait désigné quelques membres de son conseil pour s'entendre avec les députés, et des conférences s'ouvrirent à cet effet au palais de Bruxelles, le dernier jour de ce mois ; on s'y mit aisément d'accord, et les lettres ducales furent expédiées à Bruxelles, en réunion du conseil, le 7 novembre. Dans le préambule, le duc reconnaît que des études bien dirigées dépendent le maintien de la justice, de la paix, de la tranquillité et de la prospérité des peuples. Il rappelle ensuite les démarches faites près du pape, et le contenu de la bulle émanée du Saint-Siège. Enfin il déclare que, du conseil et avec l'assentiment de toute sa noblesse, il confère à l'université les privilèges suivants : 1° liberté complète et exemption de tout droit pour les docteurs, professeurs et étudiants se rendant à l'université ou la quittant, et cela pour eux, leurs familles et leurs biens ; 2° abandon au recteur de la connaissance et du jugement de toutes les causes civiles ou criminelles à charge des membres de l'université ; 3° jouissance de tous les droits de bourgeoisie à Louvain. Ces concessions, on le voit, ne pouvaient être plus complètes. Quant aux magistrats civils de cette ville, ils avaient pris les devants, et résigné entre les mains du recteur, antérieurement à la cérémonie de l'installation, tous leurs pouvoirs sur les suppôts, soit ecclésiastiques, soit laïques de l'université.

Les engagements contractés avec le Saint-Siège avaient été fidèlement remplis : ce fut là sans doute ce qui détermina le pape Eugène IV à compléter, en 1431, l'université de Louvain par la création d'une faculté de théologie. Les premières chaires furent occupées, à l'exemple de ce qui s'était fait précédemment, par des professeurs venus de France et d'Allemagne. On nous a conservé les noms de Nicolas de Midy, prêtre du diocèse d'Amiens, et d'un religieux italien, frère Antoine de Recaneto, tous deux docteurs de Sorbonne ; du dominicain Jean de Wyninghem, d'Emeric de Campo, du carme Godefroid de Loe, docteur de Cologne et de Jean Ruyssche, malinois, docteur d'Heidelberg.

CHAPITRE VII.

ORGANISATION DE L'UNIVERSITÉ DE LOUVAIN.

Comme nous l'avons dit, au chapitre précédent, l'université de Louvain formait une république au sein de la commune qui lui donnait asile. Le peuple académique était absolument distinct de la bourgeoisie. Son gouvernement avait avec celui de la commune des rapports de puissance à puissance. Entre la ville et l'université s'échangeaient des services pécuniaires, politiques, au besoin même militaires; et s'il s'élevait entre elles des conflits périodiques, jamais on ne poussait les choses à l'extrême : on se sentait nécessaire l'un à l'autre ; de part et d'autre on s'empressait de chercher un terrain de conciliation.

Le peuple académique comprenait tous les suppôts de l'université. Il se composait de sept classes de personnes très distinctes qui toutes, après avoir été immatriculées, prêtaient au recteur un serment d'allégeance en rapport avec leur condition et la nature de leurs fonctions. La première classe renfermait les professeurs effectifs et grand nombre de personnes qui avaient reçu un grade académique. Les professeurs, — dont le nombre varia d'après les époques et qui était de 58 à la fin de l'ancien régime, — tenaient leurs chaires de différents collateurs : le duc, la commune, les facultés, plus tard même les états de Brabant. Quant aux docteurs, licenciés, bacheliers, maîtres, ils restaient couverts par les privilèges du corps universitaire tant qu'ils demeuraient à Louvain ou qu'ils se fixaient ailleurs avec l'autorisation de l'université ; tant qu'ils ne s'adonnaient ni aux arts mécaniques ni au négoce ; tant qu'ils n'acceptaient ni fonctions publiques ni offices seigneuriaux. — Dans la deuxième classe se rangeaient les écoliers de tout âge et de tout rang, nationaux ou étrangers, classés en nobles (fils de seigneur), commensaux de 1re, de 2me, de 3me table, boursiers, pauvres. — La troisième classe était celle des moines et des religieux des couvents incorporés au *studium*, couvents qui, pour obtenir cette incorporation, devaient s'engager à envoyer deux de leurs membres au moins, aux cours publics et aux cérémonies universitaires. — La quatrième classe comprenait les fonctionnaires et les employés du corps, promoteurs, appariteurs, etc. — La cinquième, les veuves des licenciés et des docteurs, non commerçantes et qui n'avaient pas changé leur manière de vivre, à la mort de leur mari. — La sixième, les domestiques et les servantes des membres des premières catégories. — La septième classe ne se forma que vers la fin du XVe siècle : elle comprit tous les imprimeurs, libraires, relieurs, etc., admis par l'autorité académique.

Le chef suprême de l'université était le Recteur magnifique, assisté du sénat académique.

Le sénat se réunissait sept fois l'année, à des époques fixes ; il était composé des docteurs des quatre premières facultés, théologie, droit canon, droit civil, médecine ; et de quelques docteurs de la cinquième, celle des arts, tels, par exemple, que les régents des pédagogies. Le sénat académique nommait le recteur, qui d'ordinaire était pris successivement dans chacune des cinq facultés à tour de rôle ; la nomination ne se faisait d'abord que pour trois mois ; plus tard on n'y procéda plus que de semestre en semestre. Le recteur devait être clerc, mais ne pouvait appartenir qu'au clergé séculier. Il exerçait sur toute l'université la juridiction spirituelle, civile et criminelle ; les crimes les plus graves n'étaient pas exceptés. Le recteur était l'objet de la plus haute vénération ; tout le monde se découvrait devant lui et lui cédait le pas ; il avait la préséance, dans toutes les cérémonies académiques, sur l'évêque même du diocèse.

La seconde dignité de l'université était celle de chancelier. La bulle d'institution de Martin V l'avait attachée à perpétuité à la prévôté de la collégiale de Saint-Pierre. C'était le chancelier qui conférait les grades académiques. Après le chancelier venait le conservateur des privilèges. L'abbé de Sainte-Gertrude à Louvain était ordinairement investi de cette dignité.

Les facultés, nous l'avons déjà dit, étaient au nombre de cinq : théologie, droit canon ou *jus pontificium,* droit civil ou *jus cæsareum,* médecine et faculté des arts. Cette dernière comprenait la philosophie, les lettres, et les sciences naturelles et physiques telles qu'elles s'enseignaient alors. La faculté des arts était divisée en quatre *nations,* ayant chacune un *procureur* spécial : ces quatre nations étaient celles de Brabant, de France, de Flandre et de Hollande. Le concours institué chaque année dans cette faculté eut bientôt un grand retentissement dans le pays. Un louvaniste, Henri de Loe, ouvrit en 1429, la glorieuse série des *premiers* de Louvain.

Rien de plus modeste dans le principe que cette cérémonie purement académique : les étudiants en philosophie se réunissaient dans la salle des arts pour entendre proclamer les noms de ceux qui avaient subi avec succès l'épreuve de l'examen. Ils s'habillaient de blanc avec des rubans rouges, et mettaient quelques plumes à leur chapeau pour donner à leur réunion l'air des fêtes nationales. (Le blanc et le rouge étaient les couleurs de Lothier). Le *Primus* était le héros de la journée : on le félicitait publiquement et ses camarades le reconduisaient avec pompe. Un morceau de musique composé pour la circonstance et chanté en chœur célébrait son triomphe, et des banquets terminaient la cérémonie avec une gaieté sagement tempérée par la présence de quelques-uns des professeurs. Plus tard, à cette première coutume se joignit celle de faire au vainqueur une réception triomphale dans la ville qu'il habitait. Alors les cavalcades, les arcs de triomphe, les illuminations, quelquefois même les médailles commémoratives vinrent attester la part que ses compatriotes prenaient à sa première victoire. Les étudiants montaient à cheval, les magistrats et les professeurs s'associaient au cortège, le trajet du *Primus* était une marche triomphale qui, commencée à Louvain, ne s'arrêtait qu'à la porte de la maison paternelle. Les classes les plus ignorantes de la société apprenaient à respecter la gloire du lauréat, et la sympathie qu'elle inspirait s'étendit peu à peu à d'autres vainqueurs de la grande école. Il n'y a peut-être pas de pays moderne où le peuple ait pris l'habitude de célébrer de si grand cœur les succès de ce genre. De nos jours encore, chaque ville, chaque bourgade célèbrent les triomphes académiques de ses enfants par des réjouissances de voisinage et souvent par des démonstrations publiques!

Nous venons de retracer les commencements et l'organisation primitive de cette grande institution qu'un de ses membres les plus illustres, Juste-Lipse, appelle l'*Athènes de la Belgique,* et que la reconnaissance de nos compatriotes salua du nom d'*Almâ-Mater;* elle fut en effet pendant des siècles la mère nourricière des sciences et des lettres en Belgique, et rien n'a manqué à sa gloire, sinon un historien digne d'elle.

Disons encore qu'à toutes les époques l'influence de l'université de Louvain fut considérable. « La jeunesse de nos diversesprovinces » se réunit en foule à Louvain ; en puisant aux » sources d'un même et unique enseignement » supérieur, elle dut nécessairement subir une » influence digne d'être remarquée. L'unité et » les tendances sociales de cet enseignement, » comblaient en quelque sorte, l'infranchissable » abîme de la diversité et de l'incohérence de » l'esprit provincial ; peu à peu, par un lien » nouveau, le germe du sentiment de l'unité » nationale se formait et se développait dans » les intelligences. — C'est par l'action lente » mais continue d'un enseignement homogène » de près de quatre siècles que s'est formé » parmi nous un esprit public et que s'est » conservée l'unité et la force du sentiment » national qu'aucune domination étrangère » n'est parvenue à l'étouffer. » (Mgr De Ram, *Considér. sur l'hist. de l'université de Louvain*, dans les *Bull. de l'Académie royale*).

CHAPITRE VIII.

MORT DE JEAN IV. — PHILIPPE DE SAINT-POL, SON FRÈRE, LUI SUCCÈDE.

Jean IV ne survécut pas longtemps à la création de l'université; cette création qu'il eut le mérite de mener à bonne fin, a réhabilité sa mémoire aux yeux de la postérité. En revenant avec son frère d'une assemblée des États tenue à Lierre, il tomba malade entre Vilvorde et Bruxelles, le 12 avril 1427. Ramené au palais de Caudenberg, il y mourut le surlendemain, dans de grands sentiments de piété, n'ayant que vingt-quatre ans, et en ayant régné dix. Son corps embaumé fut déposé à Sainte-Gudule, et après le service religieux célébré dans cette église, transporté à Tervueren, et inhumé dans le caveau du chœur.

Philippe de Saint-Pol venait d'arriver de retour d'un voyage à Rome entrepris dans un but de piété, et avec l'intention de poursuivre jusqu'à Jérusalem. Le pape l'en avait dissuadé fort heureusement, car quelques jours plus tard, il n'eût pas même eu la consolation de recevoir les derniers adieux de son aîné. Jean IV n'ayant pas laissé de postérité, son frère recueillit sa succession. Le nouveau duc était aimé dans le Brabant, et son avènement fut reçu avec joie. Il prêta le serment inaugural à Vilvorde, dans une assemblée des Etats, le 25 mai. Dans sa joyeuse entrée, il confirma les concessions faites par ses prédécesseurs et s'engagea en outre : 1°) à ne pas entreprendre de guerre sans le consentement des Etats ; 2°) à exiger des membres de son conseil et du chancelier la promesse jurée de ne traiter à l'insu des trois ordres aucune affaire, de n'expédier aucune pièce, où il serait question d'un démembrement de territoire; 3°) à punir les malversations de ses officiers; 4°) à instituer une cour de justice dans le lieu qu'il habiterait, ou, en cas d'absence, dans une ville convenablement choisie; 5°) à prendre pour chancelier un membre de son conseil, sachant le latin, le flamand et le français; 6°) à convoquer les membres des Etats par lettres closes quatorze jours au moins avant chaque réunion, sauf urgence; 7°) enfin à permettre à tous et chacun des membres d'exprimer librement leur opinion et les instructions de leurs mandataires, sans avoir à craindre d'encourir l'animadversion du prince.

Quelques dissentiments, quelques agitations, tristes échos des troubles passés, signalèrent encore le nouveau règne. Une aide ordinaire de deux cent quatre mille écus d'or, payable en trois ans, avait été votée l'année même de l'avènement du nouveau duc; la ville de Bruxelles n'acquitta sa part qu'avec des restrictions assez peu respectueuses envers le pouvoir ducal. L'année suivante, une querelle plus sérieuse, dont les causes ne sont pas bien connues, s'émut entre le duc et ses principaux barons, les comtes de Conversan et de Brienne, les sires de Wesemael, de Rotselaer et de Schoonvorst; toutefois l'orage ne tarda pas à s'apaiser. La même année, un différend d'un caractère tout spécial s'éleva entre la ville de Bruxelles et la ville de Lierre; c'était l'indice d'un nouveau germe de division introduit dans le pays. Les villes avaient atteint l'apogée de leur puissance. Unies aussi longtemps qu'elles se sentirent faibles, elles se divisèrent quand elles eurent le sentiment de leur force, et la lutte entre les villes principales, les chefs-villes, comme on les appelait, et les villes de second ordre prit naissance.

Voici le fait à l'occasion duquel le différend s'engagea. Le duc avait nommé échevin de la ville de Lierre, un bruxellois, Pierre Van Aeken, dit *Van Paesschen*. Les bourgeois réclamèrent, et le duc, revenant sur sa décision, décréta, le 9 juin 1428, que nul à l'avenir ne pourrait obtenir l'échevinage à Lierre, s'il n'était bourgeois de cette ville. Mais les Etats considérèrent ce décret comme non avenu, et envoyèrent le comte de Conversan, le chancelier de Brabant, les sires de Rotselaer et de Witthem, avec un représentant de chacune des trois villes principales, pour installer Van Paesschen dans ses fonctions. La population lierroise s'ameuta à cette nouvelle et faillit faire un mauvais parti au nouvel échevin et aux mandataires des villes de Louvain, de Bruxelles et d'Anvers, lesquels n'eurent rien de plus pressé que de se dérober au péril par la fuite. Irritées au plus haut point et usant du droit du plus fort, les chefs-villes, après avoir resserré leur alliance par un acte du 20 juin, ordonnèrent l'arrestation de tout habitant de Lierre trouvé dans les limites de leur ressort, et sommèrent les récalcitrants de réparer leur méfait, en faisant disparaître les moyens de défense, constructions, barrières, chaînes, etc., dont ils s'étaient entourés. Elles allèrent beaucoup plus loin encore : le duc fut prévenu par elles que, si la mesure prise contre les Lierrois n'était pas étendue au pays tout entier, elles étaient décidées à lui refuser tout service. Le même jour, 22 juin, elles condamnèrent les chefs de l'opposition à un pèlerinage à Nicosie, en Chypre, et déclarèrent les six échevins, qui avaient repoussé leur collègue, exclus de toute charge publique. Chose triste à dire : l'autorité ducale fléchit devant ces monstrueuses prétentions, et les Lierrois furent contraints de faire leur soumission, le 7 janvier 1429. Abusant de leur prépondérance jusqu'au bout, les chefs-villes exigèrent une reconnaissance formelle de l'éligibilité de leurs habitants à l'échevinat, la remise des privilèges dans lesquels ce droit pouvait être contesté, la punition des Lierrois les plus coupables, l'exécution de trois vitraux peints aux frais de la cité rebelle, l'un à Saint-Pierre de Louvain, le second à Sainte-Gudule, le troisième à Notre-Dame d'Anvers. Ainsi fut consommée une des plus révoltantes injustices dont notre histoire offre le tableau.

L'année suivante fut témoin des préparatifs d'une alliance matrimoniale qui ne devait pas se réaliser. Le duc avait jeté les yeux sur la belle-sœur du roi de France, Charles VII : cette princesse était Iolande, fille de Louis II, duc d'Anjou, comte de Provence et roi de Sicile. Une ambassade, composée de soixante personnes notables, fut chargée d'aller faire les demandes solennelles de mariage. Partie de Nivelles, le 12 juillet 1430, arrivée à Reims le 25, elle se dirigeait vers la Touraine, lorsqu'une nouvelle fatale vint lui faire rebrousser chemin. Le duc était tombé dangereusement malade au château de Louvain, et la violence du mal annonçait une fin prochaine. Les médecins de la nouvelle université furent appelés et reconnurent bientôt que la maladie était incurable. Le duc mourut en pleine connaissance, le 4 août 1430, à six heures après-midi. La fréquence des vomissements avait fait penser à un empoisonnement : l'autopsie du corps eut lieu par ordre des Etats de Brabant, en présence de plusieurs députés. Les médecins ne découvrirent aucune trace de poison, mais signalèrent la présence d'un ulcère entre deux membranes de l'estomac. Les Etats firent publier cette déclaration. Ils statuèrent ensuite que le corps embaumé serait déposé dans la chapelle du château, qu'on ne procèderait à l'inhumation qu'après l'avènement d'un nouveau prince, que, dans l'intervalle, tous les employés continueraient leurs fonctions, et que la justice s'administrerait dans les mêmes formes qu'auparavant.

L'héritage du Brabant était vacant; plusieurs prétendants se présentèrent pour recueillir cette riche succession. C'étaient : 1°) Marguerite de Bourgogne, comtesse douairière de Hainaut, sœur d'Antoine de Brabant, et mère de Jacqueline; 2°) le duc Philippe de Bourgogne; 3°) les deux fils de Philippe, comte de Nevers, frère d'Antoine de Brabant, tué comme lui à Azincourt; 4°) les princes de la maison de Hesse, descendant de Henri II, duc de Brabant.

Marguerite se rendit en personne à Louvain, alléguant qu'elle était la plus proche héritière, et qu'en Brabant les femmes étaient admissibles à la succession, comme l'avait prouvé récemment l'avènement de Jeanne, fille de Jean III. Philippe, duc de Bourgogne, représenté par les évêques de Tournai, d'Arras et d'Amiens, répondait avec raison que la duchesse Jeanne avait laissé son héritage à Marguerite, sa nièce, femme de Philippe le Hardi; que Marguerite avait désigné Antoine, son second fils, dont la descendance venait de s'éteindre par la mort de Philippe, comte de Saint-Pol; que, par suite de cette mort, lui, Philippe de Bourgogne, descendant de la branche aînée par Jean sans Peur, devenait premier héritier direct, tandis que Marguerite de Hainaut n'était qu'héritière collatérale. Les prétentions des fils du comte de Nevers, frère cadet de Jean sans Peur, devaient, en tout état de cause, céder devant celles de Philippe de Bourgogne, fils de l'aîné. Quant à la maison de Hesse, elle descendait, il est vrai, de Henri II, mais par Henri de Thuringe, né du second mariage de ce prince avec Sophie, fille de sainte Elisabeth de Hongrie; or, Henri II avait eu plusieurs enfants de sa première femme, Marie de Souabe, et la descendance de l'aîné, Henri III, s'était perpétuée sans interruption jusqu'à Marguerite de Brabant, femme de Philippe le Hardi et aïeule de Philippe de Bourgogne. Les Etats de Brabant, après une délibération de plus de deux mois, déclarèrent à l'unanimité que Philippe, duc de Bourgogne, était leur prince légitime.

Le *bon duc*, comme l'appella l'opinion ou la flatterie de son temps, se hâta de venir prendre possession de ses nouveaux Etats. Il fut inauguré à Louvain, le 5 octobre 1430, après avoir juré le maintien des institutions et des privilèges du pays. Le lendemain, il conduisit le corps de son prédécesseur à Tervueren, et deux jours après, il fit son entrée solennelle à Bruxelles.

CHAPITRE IX.

MODIFICATIONS APPORTÉES A LA CONSTITUTION DE L'UNIVERSITÉ DE LOUVAIN. — HISTOIRE DE CE CÉLÈBRE ÉTABLISSEMENT.

APRÈS l'installation de la faculté de théologie accordée à la prière de Philippe le Bon, nouveau duc de Brabant, les professeurs de l'université se trouvèrent au nombre de 58; huit pour la théologie, six pour le droit canon, sept pour le droit civil, un pour le droit public, huit pour la médecine, seize pour la philosophie, un pour les mathématiques, un pour la philosophie morale, un pour l'éloquence chrétienne, un pour l'histoire latine, un pour la langue hébraïque, un pour la langue grecque, un pour la langue française, et cinq pour les humanités.

Quatorze de ces leçons étaient à la collation du gouvernement, savoir : quatre en théologie, une en droit canon, deux en droit civil, la leçon en droit public, quatre en médecine, la leçon de mathématiques et celle de langue française. (Cette dernière, décrétée par le conseil communal de Louvain, avait son titulaire payé par la ville). Les autres avaient différents collateurs; mais les principales étaient conférées par l'autorité communale.

Un succès sans égal répondit aux efforts déployés par une brillante phalange de savants, pour assurer à l'université un éclat inusité. Ceux-ci s'employèrent constamment à fortifier les études et à les maintenir à la hauteur des progrès réalisés dans les autres universités de l'Europe. L'imprimerie, qui tient le milieu entre l'art proprement dit et l'industrie, fut pratiquée de bonne heure en cette ville. Jean de Westphalie, l'introducteur de l'imprimerie en Belgique, fut admis en 1474 en qualité de suppôt de l'université. Il édita environ cent vingt ouvrages et mourut vers 1496. Parmi les célèbres typographes qui se fixèrent à Louvain, on cite Conrard Braem, de Cologne, Herman de Nassau, Louis de Ravescot, de Louvain (1488) et Thierri Martens, d'Alost (1498-1520).

L'université de Louvain constituait une personne morale brabançonne, ayant le caractère de corps ecclésiastique et jouissant de tous les droits constitutionnels des corporations du duché.

Parmi les privilèges accordés à l'université de Louvain, un des plus marquants permettait au recteur, d'accord avec les doyens des facultés, de nommer, dans des circonstances déterminées, les gradués du corps académique à tous les prélatures et prébendes, à tous les canonicats et bénéfices de collation ecclésiastique qui devenaient vacants dans les Pays-Bas. La faculté des arts disposait du même privilège. Les membres de l'université, enrichis par la jouissance de ces prébendes ou par d'autres fonctions ecclésiastiques, civiles, etc., se firent un devoir de contribuer par des fondations à la splendeur matérielle de l'établissement qui les avait formés, et à l'instruction d'une jeunesse de mérite mais sans ressources. Cet exemple fut imité par d'autres personnes favorisées de la fortune, et au bout d'un siècle, aucune université, dans le monde entier, ne possédait autant de fondations boursières d'un revenu aussi considérable que l'*Alma Mater* de Louvain.

L'université comptait quarante-deux collèges richement dotés. Le logement et la nourriture pour un nombre considérable d'élèves y étaient gratuits. Chaque collège possédait, outre les revenus des fondations, ceux de propriétés particulières qu'il affectait à l'entretien du personnel et des bâtiments. D'après un rapport fait en 1786 par le conseiller De Clerc, il y avait alors un revenu annuel de 159,412 flor. 12 sous 9 deniers en bourses attachées aux différents collèges. Les bourses particulières fondées pour les études, mais qui n'étaient pas attachées à un collège déterminé et qu'on désignait pour ce motif sous le nom de *bourses volantes*, produisaient un revenu annuel de 51,449 florins 1 s. 7 den. Les fondations boursières jouissaient donc d'un revenu total de 210,861 flor. 14 s. 4 den.

Le recteur magnifique, comme nous l'avons dit, exerçait avec les doyens ou chefs des facultés, l'administration courante et journalière. En présence du nombre sans cesse croissant des élèves, on lui adjoignit, à la fin du XVe siècle, un vice-recteur.

Après la création des quatre pédagogies du Porc, du Faucon, du Château, du Lys vers la fin du XVe siècle également, les chefs de ces établissements prirent le nom de présidents ou régents ; — ils étaient assistés par des sous-régents (un par pédagogie). Au vice-recteur et aux présidents incombait le soin de la police des écoliers ; le *promoteur* remplissait la charge d'officier criminel au tribunal rectoral ; les appariteurs étaient les agents d'exécution de la police et de la juridiction universitaires. Au besoin la police universitaire réclamait main-forte à la police locale ; tant qu'elle n'était pas requise, celle-ci demeurait en principe sans action sur les membres et les suppôts du corps académique.

Le code pénal de l'*Alma Mater* était moins dur et plus rationnel que le code pénal de l'époque. On y rencontrait bien la fustigation, doctement administrée en présence des condisciples et des professeurs du coupable ; mais une des peines les plus usitées et les plus redoutées était le déclassement dans la *liste des promotions*, c'est-à-dire, le rejet d'un écolier, quels que fussent les talents dont il avait fait preuve, à la queue de la liste des élèves promus solennellement à un grade académique.

L'université, bien que maîtresse chez elle et tout-à-fait libre dans la direction de son régime intérieur, était néanmoins soumise par sa constitution au pape et au duc de Brabant. C'étaient, comme nous l'avons vu, le souverain pontife Martin V et le duc Jean IV qui avaient concouru à son érection ; ce furent leurs successeurs qui, dans la suite, réunirent quelquefois leurs efforts, lorsque les grands intérêts de l'école semblaient exiger l'intervention de leur autorité. Une première visite fut tentée par

Charles le Téméraire. Par un règlement du 3 janvier 1476, il décréta plusieurs dispositions relatives à l'organisation de l'université et à l'enseignement académique. La mort de ce prince, tué à la déroute de Nancy en 1477, en fit, paraît-il, arrêter l'exécution. Une visite en due forme eut lieu sous le règne des archiducs Albert et Isabelle. L'université, ébranlée par les secousses qu'elle éprouva pendant les troubles du XVIe siècle, avait besoin d'être raffermie sur ses bases. Il s'y était glissé des abus qu'il fallait redresser ; il était devenu surtout nécessaire d'imprimer à l'enseignement des sciences sacrées et profanes une direction plus régulière. La visite fut confiée, en 1607, à trois commissaires, Jean Drusius, abbé de Parc, Etienne Van Craesbeke, conseiller de Brabant, et Dèce Carafa, nonce apostolique à Bruxelles. Mais, entravée par la guerre, elle ne fut reprise qu'après la trève conclue en 1609. L'acte de cette visite fut promulgué, le 5 septembre 1617, dans une réunion solennelle de tous les membres de l'université. Le 21 octobre de la même année, le pape Paul V confirmait cet acte par un bref, dans lequel il prescrivait d'en observer les règlements. L'article 148 de ce document portait que, le soin de veiller à l'exécution des ordonnances était confié à l'abbé Jean Drusius.

Ce prélat s'acquitta avec tant de zèle de sa mission, qu'à l'époque de sa mort, arrivée en 1634, tous les règlements se trouvaient en vigueur et si régulièrement appliqués, qu'on jugea inutile de lui donner un successeur. Après son décès, l'université régla elle-même tout ce qui concernait son régime intérieur, conformément à ses statuts primitifs et à l'ordonnance de la visite de 1617. Un siècle plus tard, en 1754, le comte de Cobenzl, ministre plénipotentiaire des Pays-Bas, faisait nommer un commissaire royal permanent, chargé « de » veiller exactement à tout ce qui pouvait intéresser la direction, la discipline, la police et » les études de l'université, à l'effet de quoi le » recteur, les doyens des facultés, ainsi que tous » les autres membres et suppôts de l'université » seront tenus de lui donner d'abord les notions » et les informations qu'il leur demandera, afin

» que, sur son rapport, Son Altesse Royale » (Charles de Lorraine) puisse ensuite y disposer comme il appartiendra ». Par le même édit, qui porte la date du 18 juillet 1754, le comte Patrice de Nény, président du conseil privé, fut investi des fonctions de commissaire royal. C'était le premier pas en faveur des réformes que le gouvernement méditait d'opérer en Belgique. Toutefois, le commissaire remplissait ses fonctions difficiles avec beaucoup de modération. L'université dut à son initiative l'adoption de plusieurs mesures d'une incontestable utilité pour la régularité et les progrès des études ; à sa demande, le comte obtint sa démission, le 16 mai 1783. Il ne fut pas remplacé.

L'empereur Joseph II ayant résolu d'introduire des réformes plus radicales dans l'école de Louvain, décréta, par son édit du 16 octobre 1786, l'établissement près de notre université d'un séminaire général pour les études théologiques. L'érection de cette institution, dont les cours s'ouvrirent le 1r décembre suivant, rencontra une opposition énergique de

7

la part du corps professoral et du clergé et provoqua même une émeute à Louvain. Voyant que l'université opposait une vive résistance à ses ordres, l'empereur ordonna, par décret du 17 juillet 1788, de « transférer à Bruxelles, sous l'œil du gouvernement, les facultés de droit, de médecine et de philosophie, en laissant à Louvain la faculté de théologie avec le séminaire général. » Quant à l'université, elle était supprimée de fait. L'installation des trois facultés transférées à Bruxelles eut lieu le 2 octobre suivant. A cette occasion une messe solennelle fut célébrée en l'église de Caudenberg, par l'abbé de ce monastère. Les cours furent ouverts au ci-devant collège Thérésien. Bientôt éclatait la révolution brabançonne. Le 11 janvier 1790, on proclama à Bruxelles l'indépendance des Etats belges unis. On se hâta de mettre à profit la déchéance de Joseph II pour rétablir l'université de Louvain. L'*Alma Mater* fut solennellement réinstallée le 1r mars 1790. La cérémonie eut lieu à l'église de Saint-Pierre. Une messe fut chantée par le cardinal de Frankenberg, assisté des abbés de

Parc et de Vlierbeek. Parmi les personnes qu'on y remarqua se trouvaient Henri Van der Noot, le chanoine Van Eupen, l'évêque d'Anvers, les abbés de Caudenberg, de St-Bernard, d'Averbode, etc. Le pléban J.-B. Samen y prononça un discours flamand approprié à la circonstance. Le soir, toute la ville était illuminée. Un acte de l'empereur François II, en date du 23 juin 1793, confirma l'ancien état constitutionnel de l'école. On y lit « que l'uni- » versité, établie à perpétuité dans la ville de » Louvain, est et demeurera corps brabançon, » qu'en conséquence elle doit et devra être » traitée en toute chose conformément à la » Joyeuse-Entrée. »

Mais l'orage révolutionnaire qui venait d'éclater en France allait bientôt se déchaîner sur la Belgique. L'université de Louvain, fermement attachée aux principes orthodoxes, devait périr au milieu de ce bouleversement général. Elle commença d'abord par s'opposer d'une manière énergique aux prescriptions de la république. Lorsque la municipalité l'invita, par lettre du 27 nivôse an III (16 janvier 1795), à assister en corps à l'ouverture du Temple de la Raison, elle répondit : « Nous ne reconnaissons d'autre culte légitime, licite et salutaire, » que celui que notre Sauveur Jésus-Christ, » vrai Dieu et vrai homme, a daigné nous » révéler, et que son Eglise, l'Eglise catho- » lique, apostolique et romaine, reconnaît, que » par conséquent notre conscience ne nous » permet aucune participation ou influence » quelconque, directe ou indirecte, dans le » culte à établir. » Cette attitude énergique provoqua la colère du gouvernement qui prit aussitôt ses dispositions pour avoir raison de l'opposition qu'on lui faisait. En effet, le ministre de l'Intérieur, Benezech, se rendit à Louvain, le 31 janvier 1797, et fit une descente de lieux à l'*Alma Mater*. Il fut reçu aux Halles en compagnie du général Beurnouville, par le professeur primaire van Gobbelschroy. Comme celui-ci lui montrait d'abord l'auditoire de Droit en disant : « Voici l'école du Droit Canon, » le ministre se tournant vers le général, lui répondit : « C'est donc votre école ; » le professeur relevant aussitôt cette plaisanterie de mauvais goût, répliqua : « Citoyen ministre, les Canons que l'on enseigne ici, sont plus anciens que ceux du citoyen général ! » Le haut fonctionnaire, après avoir visité la bibliothèque et fait connaître l'objet des préoccupations gouvernementales qui l'amenaient à Louvain, quitta les Halles. Cette visite ne lui apprit rien sur l'organisation ni sur l'enseignement de l'école, mais il savait que les jours de l'université de Louvain étaient comptés.

Par arrêté de l'administration centrale du département de la Dyle, daté du 4 brumaire an VI (25 octobre 1797), l'université de Louvain fut supprimée. Wauthier, chef de bureau à cette administration, et de la Serna Santander, bibliothécaire de l'école centrale, reçurent l'ordre d'appliquer le décret. Le lendemain, 5 brumaire, ces délégués, accompagnés de Marcel Robyns, receveur du domaine, se présentèrent, munis de leur mandat, devant la municipalité. Après vérification de leurs pouvoirs, celle-ci vota une résolution portant convocation immédiate aux Halles du recteur magnifique Jean Joseph Havelange, président du collège Viglius, à l'effet de lui notifier l'arrêté de suppression et l'ordre qu'ils avaient reçu de procéder à l'apposition des scellés sur toutes les portes. Les membres du conseil communal, accompagnés des délégués, quittèrent l'hôtel de ville, à l'heure de midi, suivi d'une escorte de soldats armés, et se rendirent de là aux Halles après avoir observé la plus grande discrétion sur l'objet de leur mission. Ils étaient déjà en train d'apposer les scellés sur les armoires et les portes de la bibliothèque, lorsqu'ils furent rejoints par le recteur à qui ils remirent copie de l'arrêté du 4 brumaire, après lui en avoir donné lecture.

Havelange sollicita la permission de réunir en assemblée les membres de l'université afin de pouvoir leur donner communication des mesures qui venaient d'être édictées. Cette autorisation lui fut accordée sous la réserve expresse qu'aucune réunion ne se tiendrait plus aux Halles. Le recteur ayant convoqué ses collègues au collège de Viglius, ceux-ci prirent connaissance de l'acte de suppression de l'*Alma Mater*. Cette nouvelle inattendue les remplit d'une affliction si profonde qu'ils se trouvèrent empêchés dans le moment, de prendre aucune détermination. Bien plus, un arrêté en date du 18 brumaire (8 novembre suivant) ordonnait la suppression de tous les collèges annexés à l'université.

Les biens immenses qui formaient le patrimoine de l'université de Louvain furent, sous le prétexte d'en appliquer les revenus à l'instruction publique, administrés, pendant quatre ans, par une commission *ad hoc,* placée sous le contrôle de la municipalité. Ils furent ensuite cédés au Prytanée français, puis à l'école de St-Cyr. Enfin, Napoléon I, par la loi du 8 pluviôse an XIII (23 janvier 1805) en fit poursuivre la vente. Voulant tout au moins se réserver la propriété d'une partie des bâtiments qui avaient été affectés à un usage public et dont le maintien dans ces conditions pouvait être utile à la ville, la municipalité adressa, sous la date du 4 ventôse an XIII (23 février 1805) une pétition au gouvernement. Sa demande fut prise en considération. Napoléon, par décret rendu au quartier impérial de Brünn, le 21 frimaire an XIV (12 décembre 1805), excepta de la vente projetée les immeubles suivants : 1° le collège de la Haute Colline, 2° le collège des Bacheliers, 3° le bâtiment dit le *Vicus* ou local de la Faculté des Arts (actuellement le tribunal de 1re instance), 4° le collège de Drieux, 5° le collège van Dale, 6° le collège de Viglius, 7° le bâtiment dit les Halles et ses dépendances, et 8° le Jardin botanique avec ses dépendances. Ces bâtiments furent cédés à la ville de Louvain par le Préfet du département de la Dyle, au nom de la direction du Prytanée, moyennant une redevance annuelle que la ville payait déjà alors. Cette redevance, qui s'élevait à 5,520 francs, pouvait être remboursée en en payant 20 fois le montant. En 1812, la ville avait déjà remboursé une somme de 52,500 francs. (*Cfr.* VAN EVEN, *Louvain monumental*).

CHAPITRE X.

HISTOIRE DE L'UNIVERSITÉ DE LOUVAIN (SUITE ET FIN).

Après la chute de Napoléon, les membres de l'université firent d'actives démarches pour le rétablissement de leur école. Dans un discours prononcé au château d'Héverlé, le 24 septembre 1814, devant le prince d'Orange, alors gouverneur-général des Pays-Bas, le maire de Louvain sollicita également le rétablissement de cette institution. Quelques jours après, les docteurs van de Velde et van Audenrode adressèrent dans ce but une requête à François II, empereur d'Autriche. Le 12 octobre 1815, ils firent de nouvelles instances auprès de Guillaume I, roi des Pays-Bas. Mais toutes ces espérances durent s'évanouir bientôt devant la proclamation d'un règlement, arrêté le 25 septembre 1816, sur la réorganisation de l'enseignement dans les provinces méridionales. Les articles 7 et 8 de ce règlement fixaient l'établissement de trois nouvelles universités, celles de Louvain, Gand et Liège.

L'installation de la nouvelle université de Louvain eut lieu avec beaucoup de pompe, le 6 octobre 1817. La veille, une garde d'honneur, composée de jeunes gens de la ville, se rendit à la rencontre de Son Exc. Repelaar van Driel, commissaire-général de l'instruction publique, des arts et des sciences, chargé de présider la cérémonie. Il descendit à l'hôtel de Cologne et dîna chez le vicomte de Spoelberg, président du collège des curateurs. A 11 heures du matin, les autorités civiles et militaires, ainsi que les membres de l'université, après avoir reçu à l'hôtel de ville le commissaire-général, se rendirent en cortège aux Halles.

La cérémonie fut ouverte par un discours de Repelaar van Driel. Quand il eût fini, le secrétaire-inspecteur Roelants donna lecture des arrêtés royaux nommant les curateurs et les professeurs; ces derniers prêtèrent le serment prescrit entre les mains du président des curateurs. M. Fr. Harbaur fut ensuite proclamé recteur magnifique. Après cette cérémonie, le commissaire-général déclara l'université installée. Deux discours terminèrent la séance, l'un prononcé par le vicomte de Spoelberg, l'autre par le nouveau recteur. Des arcs de triomphe avaient été dressés dans les rues par lesquelles devait passer le cortège. Les maisons étaient décorées et les monuments publics portaient des inscriptions saluant l'heureux évènement. La régence donna des fêtes dans les salons de la *Société de Lecture* et de la salle de *Frascati*. Le soir, toute la ville fut illuminée.

La nouvelle école comptait quatre facultés : celles de philosophie et lettres, des sciences, de droit et de médecine.

On y annexa ensuite un collège d'études de

philosophie pour les jeunes gens se destinant à l'état ecclésiastique. Cet établissement, connu sous le nom de collège philosophique, fut installé solennellement le 17 octobre 1826. A la suite de la vive opposition que son enseignement rencontra de la part du clergé, il fut supprimé en 1829. Les évènements politiques de septembre 1830 provoquèrent de nouveau la suspension des cours de l'université de Louvain. La loi sur l'enseignement supérieur du 27 septembre 1835 ne maintenant plus l'école parmi les universités de l'Etat, l'autorité communale demanda et obtint que la ville fût rétablie dans la jouissance de tous les bâtiments et collections ayant servi à l'enseignement. Une convention provisoire fut conclue à cet effet, le 5 novembre 1835.

Le 4 novembre 1834, une université libre, sous le nom d'université catholique, avait été érigée à Malines par les Evêques de Belgique. L'année suivante, cette école fut transférée à Louvain. La régence, par convention du 13 octobre 1835, mit cette institution en possession des bâtiments des Halles, du collège du Pape, du collège des Vétérans, du collège du Roi, du collège des Prémontrés, du collège du St-Esprit et du Théâtre anatomique. L'installation de l'université catholique eut lieu le 1 décembre 1835. La ville avait pris un air de fête; les rues étaient décorées avec goût. Vers 9 heures, P. F. X. De Ram, recteur magnifique, ayant à sa droite le vice-recteur et à sa gauche le secrétaire de l'université, quitta les Halles suivi d'un nombreux cortège de professeurs et de membres du clergé. Arrivé à la Grand'Place, devant l'église de St-Pierre, le cortège vint se rejoindre au clergé de toutes les paroisses de la ville, pour de là se rendre à l'hôpital civil où Mgr Sterckx, archevêque de Malines, était descendu avec ses vicaires généraux, ses secrétaires et des membres du chapitre métropolitain.

A 10 1/2 heures, le prélat, à la tête d'un cortège splendide, se rendit à l'église de St-Pierre, et y entonna le *Veni Creator* qui fut suivi de la célébration d'une messe pontificale; après l'évangile, le secrétaire de l'archevêché proclama le décret du corps épiscopal transférant l'université à Louvain. L'archevêque adressa alors une allocution à M. Guil. Van Bockel, bourgmestre de la commune, à qui il remit copie de l'acte d'installation. Après un second discours prononcé par le vice-recteur De Cock, la solennité religieuse se termina par le chant du *Te Deum* ; vers 1 1/2 heure, le cortège, composé de l'archevêque, du recteur magnifique, des vicaires généraux, de la régence et des autorités civiles et militaires, des professeurs et des élèves, se rendit au grand auditoire du collège du Pape, qui avait été richement décoré. Le bourgmestre y prononça un discours au nom du conseil communal et fit donner ensuite lecture par le secrétaire de la régence de l'acte de remise des bâtiments universitaires, qui fut signé par les parties contractantes. Un dîner de 90 couverts eut lieu à 4 heures à l'hôtel de ville. Le soir, les édifices publics et un grand nombre de maisons furent illuminés. L'ouverture des cours eut lieu le 3 décembre suivant. (*Cfr.* Van Even, *Louvain monumental*).

CHAPITRE XI.

ÉTABLISSEMENTS ET COLLÈGES DE L'UNIVERSITÉ.

I. LA BIBLIOTHÈQUE.

PENDANT plus de deux siècles, l'université fut privée de bibliothèque publique. Durant une période aussi longue, le corps professoral et les étudiants furent astreints à recourir aux librairies affectées aux nombreux collèges et établissements religieux. L'*Alma Mater* dut la fondation de son dépôt littéraire à l'amour filial d'un de ses anciens élèves. Laurent Beyerlinck, chanoine et archiprêtre d'Anvers, légua, en 1627, par reconnaissance pour l'établissement qui l'avait nourri du lait de la science, toute sa bibliothèque, riche en livres d'histoire et de théologie. Son exemple fut suivi par Jacques Romanus, de Louvain, professeur de médecine, fils du célèbre mathématicien Adrien Romanus, qui laissa en 1635, non seulement sa propre bibliothèque, mais encore celle de son père très riche en livres de mathématiques.

Le célèbre Corneille Jansénius, alors recteur de l'université, prit les mesures nécessaires pour l'organisation de la bibliothèque académique. Il fut secondé dans ses efforts par Pierre Stockmans, professeur en droit et depuis chancelier de Brabant. Le dépôt fut établi aux Halles, dans l'auditoire de la faculté de médecine ; Jacques Boonen, archevêque de Malines, assigna une somme annuelle pour son entretien et son augmentation.

L'université confia la garde de la bibliothèque à Valère André, professeur en droit, qui était très versé dans la science bibliographique. L'ouverture se fit le 22 août 1636 ; Valère André prononça, le 1r octobre suivant, devant l'université réunie, un discours dans lequel il faisait ressortir avec éloquence tous les avantages que la bibliothèque allait procurer aux études. Il représentait le dépôt, qu'il qualifie de *Temple de Minerve et des Muses*, comme un bien commun à tous les membres de l'Académie et le comparaît à une sorte d'arsenal de toutes les sciences. Le bibliothécaire publia, pendant la même année, le catalogue des livres confiés à sa garde. Tous les ouvrages, provenant des fonds de L. Beyerlinck, au nombre de 852, y sont marqués d'un B, et ceux de J. Romanus, au nombre de 906, d'un R. Par malheur, Valère-André mourut en 1655, et le dépôt littéraire, auquel il avait consacré tant de soins, fut laissé à l'abandon jusqu'en 1719. A cette époque, la bibliothèque fut notablement augmentée. Dominique Snellaerts, chanoine d'Anvers, mort en 1720, légua à l'université sa collection particulière composée de 3,500 volumes. Cet accroissement était si considérable qu'on jugea à propos de construire un nouveau local pour y rassembler tous les livres de l'*Alma Mater*. Heureusement un bibliophile distingué, grand amateur de livres, le célèbre professeur H. J. Réga, venait d'être investi de la dignité du rectorat. Ce savant appliqua tous ses soins à l'organisation de la bibliothèque, qui avait non seulement besoin d'un local convenable, mais aussi d'un revenu fixe. En lui procurant l'un et l'autre, il eut la gloire de contribuer plus que personne à la formation du dépôt littéraire que possède actuellement sa ville natale. Sur la demande de Réga, le gouvernement fit don à l'université, le 20 novembre 1721, d'un bâtiment appelé l'Artillerie, situé au Vieux-Marché, pour en affecter le terrain à la construction du local de la bibliothèque. Les deux maisons attenantes furent appropriées pour l'agrandissement et l'on mit immédiatement la main à l'œuvre. Le 22 avril 1723, trois députés des Etats de Brabant, Jacques Hache, abbé de Villers, Jean de Cotereau, marquis d'Assche, et Pierre de Herckenrode, bourgmestre de Louvain, posèrent solennellement la première pierre de l'édifice. Des salves d'artillerie furent tirées pendant la cérémonie. Le monument, construit d'après les plans de Gaspard Larchier, architecte à Bruxelles, ne fut achevé qu'en 1730.

Les soins de la bibliothèque furent alors confiés à Gaspard Magermans, président du collège de Saint-Yves, mort en 1752. Il eut pour successeur l'abbé C. F. de Nélis, depuis évêque d'Anvers. Le premier acte de l'administration du nouveau titulaire fut d'inviter le gouvernement à imposer aux imprimeurs belges l'obligation de déposer au moins un exemplaire de leurs publications à la bibliothèque de l'université. Cette demande, grâce à laquelle le dépôt reçut des accroissements considérables, fut agréée par dépêche du 3 février 1759. L'abbé de Nélis, nommé, en 1765, chanoine de la cathédrale de Tournai, fut remplacé, en 1769, par J. N. Paquot, le savant auteur des *Mémoires pour servir à l'Histoire littéraire des Pays-Bas,* homme doué de toutes les qualités nécessaires pour diriger avec talent la bibliothèque académique. Malheureusement il ne jouit pas longtemps de sa charge; victime d'une calomnie atroce, il dut la résigner en 1771. Paquot fut remplacé par le Dr J. F. van de Velde, qui remplit, avec autant de distinction que de zèle, les fonctions de bibliothécaire jusqu'à l'époque de la suppression de l'université en 1797. Sous l'administration de ce savant ecclésiastique, la bibliothèque fut considérablement enrichie. Outre l'accroissement de près de 12,000 volumes, achetés aux ventes des bibliothèques des PP. Jésuites, faites en 1781, elle fut augmentée de plus de 4,573 ouvrages nouveaux. Elle comptait alors un ensemble de près de 50,000 volumes. Bientôt le local, bâti en 1723, ne suffit plus pour loger cette masse de livres. En 1785, plus des trois quarts s'en trouvaient dispersés en diverses places. Déjà, en 1772, l'université avait formé le projet d'agrandir le local de la bibliothèque, en y ajoutant deux ailes dont les façades borderaient le Vieux-Marché, sur toute l'étendue comprise entre les rues des Cordes et de Kraekhoven. L'architecte Laurent Dewez qui en avait dressé les plans, fut empêché par les circonstances de mener la construction à bonne fin. En 1788, une partie des livres fut transportée à Bruxelles par suite de la translation des facultés de droit et de médecine en cette ville; mais ils furent réintégrés à Louvain en 1790. En 1795, les commissaires de la république enlevèrent environ 5000 volumes, parmi lesquels se trouvaient les manuscrits les plus rares et les plus précieux. Après la suppression de l'université, la bibliothèque resta pendant quelque temps sous scellés. En 1797, le bibliothécaire de la Serna Santander obtint l'autorisation d'y faire un choix de tous les ouvrages qu'il jugerait pouvoir convenir au dépôt de l'école centrale de Bruxelles. Ce triage, qui l'occupa pendant dix jours, détermina l'enlèvement de 718 ouvrages qui ne furent jamais rendus.

Cependant le conseil municipal de Louvain, dans son désir de rendre la bibliothèque profitable à la population, décida de l'ouvrir au public. Il porta en conséquence, le 15 messidor an VIII (4 juillet 1800) un arrêté par lequel il allouait une somme annuelle de 2000 fr. au traitement du bibliothécaire et au service de la bibliothèque. Cette résolution resta sans effet, car, par décret impérial du 21 frimaire an XIV (12 décembre 1805) la bibliothèque académique devint la propriété de la ville. Le maire d'alors, M. Joseph de Bériot, mit à exécution, le 10 février 1806, l'arrêté du conseil municipal du 15 messidor an VIII, en confiant la place de bibliothécaire à M. Jacques Marcelis, de Louvain. Le titulaire se mit immédiatement à l'œuvre en commençant par faire déblayer les livres, qui encombraient le parquet des diverses salles de la bibliothèque. Il fit vendre, avec l'autorisation d'une commission, composée du maire, du Dr van Leempoel et de Pierre van Meenen, les livres qu'on croyait moins utiles. Cet acte inspira une telle défiance à l'autorité supérieure que le bibliothécaire fut immédiatement révoqué et la bibliothèque fermée. Sur les instances du maire d'Onyn de Chastre, le nouveau préfet, M. Latour Dupin, autorisa, le 28 janvier 1809, la réouverture du dépôt littéraire. L'on constata que, sur le produit des livres vendus s'élevant à la somme de fr. 4427-32, 1200 francs avaient été consacrés à l'achat d'autres livres et le reste aux frais de service.

A l'époque de l'organisation de l'enseignement supérieur en 1817, la ville de Louvain ayant, comme Gand et Liège où des universités avaient été établies, à pourvoir aux premiers besoins de l'enseignement, s'empressa de mettre la bibliothèque à la disposition de l'Etat. Celle-ci fut alors augmentée d'un nombre considérable de volumes. On y dépensa plus de 225,000 fr. L'illustre professeur Becker l'administra de 1817 à 1823 ; le baron de Reiffenberg de 1823 à 1826; enfin le savant docteur Ch. Bernhardi de 1826 à 1830. Par suite des évènements de 1830, la bibliothèque fut fermée; elle fut rouverte en même temps que les cours de l'université, le 24 octobre 1833. P. Namur était alors bibliothécaire *ad interim*. La loi sur l'enseignement supérieur du 25 septembre 1835, ayant supprimé l'université de Louvain, la régence demanda que la commune fût rétablie dans ses droits à la propriété de la bibliothèque académique. Une convention provisoire fut conclue de ce chef entre le gouvernement et la ville; l'année suivante, l'administration communale remit la bibliothèque à la disposition de l'université catholique. Depuis ce jour, elle s'est considérablement augmentée soit par des acquisitions nouvelles, soit par des dons privés ou des envois faits par le gouvernement.

Actuellement elle renferme plus de 80,000 volumes; ses fonds les plus riches sont ceux de théologie, d'histoire générale et d'histoire littéraire. Elle possède 350 manuscrits dont plusieurs appartiennent au XIIe siècle; — une magnifique collection d'incunables, ou éditions du XVe siècle, composée de plus de 380 volumes. Parmi les raretés qu'elle contient, on peut citer un exemplaire sur vélin de l'ouvrage d'André Vésale, édition de Bâle de 1545, qui lui fut donné par Charles-Quint; — un livre d'heures, manuscrit du XVe siècle sur vélin, orné d'admirables miniatures; — un manuscrit autographe de Thomas a Kempis et une foule de volumes chargés de notes autographes de la main de savants de l'ancienne université de Louvain.

Deux superbes escaliers en pierre bleue, à

paliers et à rampes à balustres, qui se trouvent dans la salle des Pas-Perdus des Halles, conduisent au cabinet de lecture de la bibliothèque. Dans cette place, dont le plafond est très élevé, Mgr De Ram a créé un musée académique destiné à recueillir les portraits des hommes illustres de l'*Alma Mater*. On y remarque la vaste toile de Mathieu Van Brée, représentant « le Christ ressuscitant la fille de Jaïre. »

Dans la même salle, se trouvent quatre grandes portes dont trois donnent accès à des annexes de la bibliothèque, et la quatrième, à la salle de promotion de l'université. Ces trois places formaient jadis les auditoires des facultés de théologie, de droit civil et de droit canon. La salle de promotion, anciennement auditoire de la faculté de médecine, est ornée d'une boiserie en chêne contenant des peintures ayant trait à l'histoire de l'art de guérir. Ces tableaux sont de H. Gillis, peintre louvaniste. L'on y voit aussi deux toiles de Lens.

Au fond, à droite de la salle de lecture se trouve une porte en style italien qui donne accès à la grande salle de la bibliothèque.

Celle-ci a 69 mètres de longueur sur 14 de largeur et 11 de hauteur, elle est d'un aspect très imposant. Elle est éclairée par dix vastes fenêtres en anse de panier, d'une élévation de 8 mètres. Une onzième, beaucoup plus large, et ornée d'un balcon, termine la vue du côté du Vieux-Marché. Ce qui distingue la salle est une superbe boiserie en chêne qui couvre les murs ; elle présente une suite de portiques à colonnes, d'ordre composite, surmontés de dais renfermant des statues, de grandeur naturelle, des plus célèbres philosophes et écrivains de l'antiquité. Au-dessus de la porte d'entrée se trouve le Christ. A gauche, les statues d'Homère, Cicéron, Hippocrate, Saint-Luc, Saint-Thomas, Saint-Augustin, Saint-Pierre, Moïse et Martin V ; — à droite, celles de Jean IV, Saint-Grégoire, Justinien, Saint-Yvon, Gratien, Saint-Justinien, Aristote, Eusèbe et Hérodote. Au fond de la salle s'élèvent deux colonnes portant les inscriptions suivantes :

Ἔσο φιλομαθής et Ἔση Πολυμαθής.

Henri Bonnet, de Nivelles, et Denis Boyar, de Namur, exécutèrent les boiseries de la salle en 1730.

Le plafond, décoré d'ornements en stuc, est très remarquable. Le parquet en chêne est de toute beauté et la porte en fer ouvragé est d'un travail très artistique.

CHAPITRE XII.

2. LE JARDIN BOTANIQUE.

Jusqu'au XVIIIe siècle, l'université ne posséda pas de Jardin, proprement dit, destiné à la culture des plantes nécessaires à l'enseignement de la botanique. Le professeur chargé de cette branche était obligé de conduire ses élèves dans les environs de la ville pour les initier à la connaissance des végétaux. Le savant Réga, ayant voulu doter l'*Alma Mater* d'un Jardin botanique, acheta pour 4800 florins de Brabant une maison avec jardin d'environ 25 ares, située au coin de la rue des Récollets et de la Voer, en face du couvent des Capucins. Il fut inauguré en 1739, sous la direction du docteur Sassenus, professeur de botanique. Malheureusement il était fort petit; il servit cependant à l'enseignement jusqu'à la suppression de l'université en 1797. Plus tard il devint la propriété de la commune.

Quand le gouvernement des Pays-Bas organisa la nouvelle université en 1817, on s'aperçut que le Jardin ne pouvait contenir la moitié des végétaux cultivés à cette époque. Il fallait donc songer à un autre emplacement. Dans cette vue, le gouvernement acheta le terrain de l'ancien couvent des Capucins. Il fut approprié sous la direction du professeur Adelman et du jardinier F. Donkelaer à l'établissement du Jardin botanique actuel.

La porte qui donne accès au Jardin est d'un aspect très agréable. Il occupe la surface d'un hectare et a la forme d'un rectangle; le côté droit renferme une rangée de serres, le côté gauche est planté d'arbres et d'arbustes variés; on admire parmi les arbres un splendide

Sophora Japonica, planté en 1821. Le centre est occupé par l'école de botanique ; on trouve actuellement dans celle-ci plus de cinq mille espèces de plantes de pleine terre. Avant 1839, les plantes y étaient classées selon le système de Linné ; le Jardin ayant été agrandi et disposé de manière à pouvoir y augmenter la culture des plantes, celles-ci furent rangées par ordre de familles et classées selon la méthode naturelle. Un bassin semi-circulaire est disposé au fond, pour la conservation des plantes aquatiques.

Les serres sont très belles. Il y a deux serres chaudes dont l'une sert spécialement à la culture des palmiers. Plusieurs de ces plantes proviennent de l'ancien Jardin botanique et sont âgées de plus d'un siècle.

Une serre chaude sert à la culture des orchidées. Le Brésil et le Mexique lui ont fourni leurs plus beaux spécimens de ces plantes si recherchées aujourd'hui.

D'après l'art. 3 de la convention conclue le 15 octobre 1835 entre le corps épiscopal et la régence, le Jardin, entretenu par la ville, est mis à la disposition de l'université aux heures fixées pour l'enseignement de la botanique.

3. LE THÉATRE ANATOMIQUE.

Avant Vésale (1540), la science anatomique était à peine connue. On regardait comme impie et sacrilège quiconque osait porter une main destructive sur un cadavre humain. La loi frappait du dernier supplice cette coupable témérité.

A l'université de Louvain, on comprit de bonne heure toute l'utilité de cette science et de son application à la dissection des organes humains. L'anatomie fut enseignée par les professeurs Nicolas Blesius, Corneille Gemma, Pierre Breughel et Jean Van Vieringe (1558-1580). L'administration communale abandonnait à cet effet les cadavres des suppliciés. Lorsque ces derniers manquaient à Louvain, la ville en réclamait au sénéchal du Brabant.

Pendant deux siècles, l'*Alma Mater* ne posséda pas de musée d'anatomie. Les squelettes et les préparations étaient conservées aux Halles et à l'auditoire de médecine.

Le professeur Réga, qui fut un des bienfaiteurs du haut enseignement, fit bâtir à l'angle gauche du jardin botanique le local où, jusqu'en 1876, on donna les leçons d'anatómie. Il le fit décorer avec goût; il formait un bâtiment de forme octogone, en briques, d'une élévation remarquable et couvert d'une coupole. Il est aujourd'hui abandonné.

Les anciennes préparations anatomiques ont été transférées à Bruxelles en 1804. L'université actuelle y créa en 1835, un splendide cabinet d'anatomie divisé en deux sections : l'une renferme les préparations de *l'état normal*, l'autre les préparations de *l'état pathologique* du corps humain.

Dans le monde universitaire, le laboratoire d'anatomie était désigné sous le nom d'Amphithéâtre. — L'ancien étant devenu trop petit et la famille universitaire s'agrandissant chaque année, il fallut la pourvoir de locaux plus vastes ; d'autre part, les progrès de la science prenant chaque jour plus d'extension, on créa de nouveaux instituts dont l'utilité avait été démontrée.

A quelque pas de l'ancien musée d'anatomie, rue des Récollets, on a élevé des bâtiments nouveaux qui portent le nom d'institut Vésale.

4. LE VICUS OU LOCAL DE LA FACULTÉ DES ARTS.

En 1426, la commune de Louvain acheta l'hôtel de la famille Ravoet, situé rue Neuve, et l'appropria à l'enseignement. On lui donna le nom de *Vicus* ou quartier des arts. Ce local fut agrandi au moyen d'une emprise sur les terrains contigus, jusqu'à la rue de Savoie actuelle. En 1476, tous les locaux furent restaurés sous la direction de Mathieu de Layens, l'habile architecte de l'hôtel de ville.

Les salles du *Vicus* servaient aux leçons de philosophie, aux cours d'éloquence et de morale chrétiennes, et, depuis 1755, aux expériences de physique. C'était sous le portique de l'entrée principale qu'on proclamait chaque année le *Primus*.

En 1766, les bâtiments du *Vicus* furent remplacés par des constructions nouvelles dont le gouvernement fit en grande partie les frais.

La façade offre un péristyle en pierre bleue, à six grosses colonnes doriques, couronnées d'un fronton triangulaire. La grande salle, très élevée, est ornée d'ornements en stuc, dans lesquels figurent les emblèmes des sciences et et des arts.

Le tribunal de première instance de l'arrondissement de Louvain occupe les locaux du *Vicus* depuis 1802.

CHAPITRE XIII.

LES PÉDAGOGIES DE L'UNIVERSITÉ : DU PORC; DU LYS; DU CHATEAU; DU FAUCON.

I. *Pédagogie du Porc.*

La pédagogie du Porc, qui occupait en partie la place actuelle de l'université, fut érigée, en 1430, par Henri de Loe, de Louvain, bachelier en théologie, qui fut proclamé *Primus*, selon la tradition, au premier concours de la faculté des arts, en 1428. On lui donna la dénomination de Porc, nom tiré de l'enseigne d'une maison située rue de Namur, en face de celle de Jean Widoe, troisième régent de cette pédagogie. En 1430, elle était sous la direction de Henri de Loe et de Nicolas de Valkenisse. Le premier quitta son poste de régent, le 19 juillet 1441, et entra au couvent des Chartreux, près d'Enghien, où il mourut, en 1477. En 1516, l'on acheta l'hôtel de Henri de Berghes, évêque de Cambrai, pour l'agrandissement de la pédagogie, qui fut alors en grande partie reconstruite.

La pédagogie du Porc, qui avait pour devise : *Porcus alit doctos*, fut démolie en 1807.

II. *Pédagogie du Lis.*

La pédagogie du Lis, rue de Diest, formait primitivement une école cléricale, qui existait déjà en 1358 et qui n'était connue que sous la dénomination d'École de la *Dorpstraet*. Cette école fut convertie en pédagogie, en 1430, par Jean de Hasselt, licencié en droit canon, et Jean Bloc, licencié en théologie, ainsi qu'il résulte des archives de la ville. Jean de Hasselt avait accepté, vers 1437, pour co-régent Charles Mannekens ou Virulus, originaire de la châtellenie de Cassel; celui-ci devenu plus tard régent de l'établissement lui donna un tel éclat qu'il en fut considéré comme le vrai fondateur. Il mourut le 13 mai 1493. Par son testament, il légua à la pédagogie une maison voisine appelée la Fleur de Lis. Cette demeure, qui fut incorporée dans l'établissement, lui valut la dénomination de pédagogie du Lis.

Cette pédagogie, qui était très vaste, fut entièrement reconstruite en 1660, ainsi que l'indiquait le chronogramme suivant :

PAEDAGOGIUM FLORENTIS LILII,

qui se trouvait autrefois au-dessus de la porte d'entrée, rue de Savoie. Elle fut vendue en 1805. Une grande partie des terrains qui la composaient ont fait place à un théâtre public qui a été démoli en 1870 pour le percement de la rue de la Station actuelle.

III. *Pédagogie du Château.*

Cette école, qui portait la dénomination de pédagogie du Château ou *Castrum* et *Burgt*, nom emprunté à la rue qui portait autrefois cette désignation, fut érigée, en 1430, par le chanoine Godefroid van Gomple, de Deschel, maître ès-arts, assisté de Herman Brandt, de Boxtel, bachelier en droit canon, chapelain de l'église de St-Pierre. Elle fut ouverte dans l'habitation du premier de ces ecclésiastiques, située rue de Malines, près du pont de la Dyle. Dans le but de perpétuer son œuvre, Godefroid van Gomple laissa en mourant sa maison à la Faculté des Arts. Le transfert de cette propriété eut lieu par devant les échevins de Louvain, le 6 septembre 1456.

Cette pédagogie, qui portait pour devise : *Castrum bella gerit*, fut entièrement reconstruite en 1682, ainsi que l'indique le chronogramme suivant qui se trouvait au-dessus de la porte d'entrée :

CastrUM DeUs IneXpUgnabILe serVeT.

C'était une construction en style du 17e siècle qui avait beaucoup d'analogie avec le collège de la Ste-Trinité. Elle fut démolie en 1806 et remplacée par des habitations particulières.

IV. *Pédagogie du Faucon.*

La pédagogie du Faucon existait en 1442, d'après les comptes de la ville. Elle était alors sous la direction d'Adam Bogaert et de Gilles Hannaert, maître ès-arts. L'école occupait d'abord une maison nommée le Faucon ou *de Valk*, sise rue de Savoie, à côté de la pédagogie du Lis. En 1546, l'établissement fut transféré dans une maison rue de Tirlemont, que la Faculté des Arts avait achetée au professeur Guill. Everaerts. Comme cette demeure menaçait ruine, elle fut reconstruite en partie par les soins de Martin Bodewyns de Rithoven, évêque d'Ypres, et de Jean Vendeville, secrétaire du roi Philippe II. En 1597, Nicolas Zoësius, licencié en droit, alors chanoine et official de Tournai et depuis évêque de Bois-le-Duc, et Charles de Zillebeke, achetèrent la pédagogie et la cédèrent en 1601, moyennant certaines conditions, aux proviseurs de cette maison. Elle se rétablit insensiblement et devint dans la suite l'une des fondations les plus florissantes de l'université. Claude Losson, qui en fut régent, en 1625, y fit élever des constructions remarquables; la façade de l'aile droite porte le millésime de 1631. Après sa mort, arrivée le 7 février 1634, ses exécuteurs testamentaires y firent bâtir une chapelle très remarquable. L'aile gauche, la partie postérieure et le portail ont été reconstruits, en 1783, d'après les plans et sous la direction de l'architecte C. Fisco, de Louvain. La partie reconstruite à cette époque mérite de fixer l'attention des amateurs d'architecture moderne. C'est une création tout à fait remarquable. « L'architecte de ce noble monument, dit M. V. G. B. Schayes, n'y a employé ni colonnes, ni pilastres; c'est par la grandeur des masses et par la parfaite coordination de toutes les parties, qu'il a cherché et réussi à donner à cet édifice un caractère frappant de grandeur et de majesté. » Les troubles de la fin du siècle dernier mirent obstacle à son complet achèvement; une partie de l'aile droite de l'ancienne construction resta debout jusqu'en 1869. A la suite d'un terrible incendie survenu le 12 juin 1866, le vieux corps de bâtiment qui, seul, avait été épargné par les flammes fut démoli et rebâti en uniformité du style de l'édifice principal dont les murs solides avaient résisté aux atteintes du feu. On parvint à le restaurer convenablement, non sans lui avoir fait subir une notable amputation aux deux ailes latérales.

En 1801, la pédagogie du Faucon, qui portait pour devise : *Volitat super omnia Falco,* fut appropriée pour servir d'hôpital militaire et continua d'être affectée à cette destination. (*Cfr.* VAN EVEN, *Louvain monumental*).

CHAPITRE XIV.

LES COLLÈGES DE L'UNIVERSITÉ. — LE COLLÈGE DU PAPE, OU D'ADRIEN VI.

COMME nous l'avons vu, l'ancienne université comptait quarante-trois collèges, destinés à des jeunes gens de toutes conditions. La plupart y étaient nourris et logés gratuitement au moyen des revenus de fondations pieuses. Parmi les collèges qui ne recevaient que des étudiants en théologie, un des plus célèbres fut le collège d'Adrien VI ou du Pape, *collegium pontificium sive Adriani papae VI*, ainsi appelé du nom de son fondateur, le Souverain Pontife Adrien VI.

Adrien, né à Utrecht, le 1er mars 1459, appartenait à une famille aisée et honorable de cette ville. La mère d'Adrien, veuve, confia de bonne heure son fils aux Hiéronymites de Delft, membres d'une congrégation célèbre dans l'histoire de la pédagogie. A l'âge de dix-sept ans, le jeune homme arriva à Louvain, et y fut immatriculé dans l'université le 1er juin 1476. Proclamé *Primus* au concours général de 1478, il fut admis, dix ans après, au conseil de l'*Alma Mater*, puis chargé de l'enseignement de la philosophie au collège du Porc, l'une des pédagogies dont il avait été l'élève. Le 21 janvier 1492, Adrien reçut les insignes du doctorat en théologie, et Marguerite d'York, sœur du roi Edouard IV d'Angleterre et veuve de Charles le Téméraire, voulut faire les frais de la promotion. Six ans plus tard, il fut nommé doyen du chapitre de Saint-Pierre, place à laquelle était attachée de droit celle de chancelier de l'université, et, à deux reprises, il fut promu aux honneurs du rectorat académique. En 1507, l'empereur Maximilien lui confia l'éducation de son petit-fils l'archiduc Charles d'Autriche, qui devait devenir notre grand empereur Charles-Quint. Le jeune archiduc résidait habituellement au Château-César à Louvain, et, grâce à cette particularité, son précepteur put continuer à donner ses leçons de théologie.

En 1516, Adrien fut nommé évêque de Tortose, en Catalogne, et, le 1er juillet 1517, le pape Léon X lui décerna les honneurs du cardinalat. Après la mort de ce Pontife survenue inopinément, le conclave, ouvert le 27 décembre 1521, réunit ses suffrages, le 9 janvier suivant, sur le cardinal évêque de Tortose, que recommandaient également son savoir étendu, sa solide piété, sa ferme orthodoxie et son attachement à la cause impériale. Autant Léon X avait déployé de magnificence, autant son successeur montra de simplicité et de sévérité pour lui-même dans l'exercice de sa haute dignité. Son pontificat ne fut pas long. Il mourut le 14 septembre 1523, âgé de soixante-quatre ans. On plaça sur son tombeau cette humble et touchante inscription : *Hadrianus sextus hic situs est, qui nihil sibi infelicius in vita duxit quam quod imperaret* (1).

Adrien, encore doyen de Louvain, fit construire dans cette ville, vers 1512, une magnifique et spacieuse maison, sur un terrain compris entre la rue du Mayeur, *'s Meyersstraete*, et la rue des Chats, aujourd'hui rue de Bériot.

Ce n'était pas un sentiment de vaine gloire qui le poussait à faire cette grande construction ; un but plus noble l'animait. Plein de l'amour de la science, il entrevoyait déjà le jour où ce magnifique édifice servirait d'asile à des élèves en théologie peu favorisés de la fortune. Devenu Pontife, il se souvint de l'*Alma Mater*, et stipula, par testament du mardi 8 septembre 1523, que sa maison de Louvain devait être convertie, avec ses meu-

(1) Le célèbre poète Vondel a fait allusion à cette modeste épitaphe dans les vers suivants :

Daar hij (Adriaan) door 't noodlot krijgt het hoogste ambt op aarde,
Des Paus driedubbele kroon van heil, van magt en waarde;
Sijn deugd, godvruchtigheid en ootmoed was zoo groot
Dat hem niet meerder als dit groot bestièr verdroot.

bles et toutes ses dépendances, en un collège pour jeunes lévites, et il voulut que la présidence en fût confiée à un gradué de la faculté de théologie. Il n'avait plus que six jours à vivre quand il fit ce testament en présence de son secrétaire intime Thierri Hezius, d'un notaire et de deux témoins appelés par lui-même, Nicolas de Porta, doyen d'Eindhoven, et Pierre Van den Male, chanoine de St-Pierre à Louvain. Il nomma exécuteur testamentaire le cardinal Guillaume d'Enckevoirt, et lui laissa le soin de déterminer le nombre des boursiers, la localité dont ils devaient être natifs, les universités où ils pouvaient avoir été promus, et, en général, tout ce qui regardait les statuts et les règles pour la bonne direction du collège (1). Le successeur d'Adrien VI, Clément VII, confirma la fondation par un bref adressé au cardinal, et lui ordonna de s'adjoindre comme coexécuteurs l'abbé de Parc, le prévôt de Notre-Dame à Utrecht et le doyen de Saint-

(1) Voir l'appendice à la fin du volume, où nous publions trois documents complètement inédits ayant trait à la fondation de ce collège. Nous en devons la communication à M. Edgar de Marneffe, attaché aux archives du royaume.

Pierre à Louvain. Le nouvel établissement fut ouvert en 1524.

Le 11 août 1775, une partie de l'aile droite du collège s'écroula. Un étudiant, Pierre Van Schelle, natif de Bruxelles, sous-diacre et bachelier en théologie, périt sous les décombres. Cet accident décida les curateurs du collège à remplacer les anciens bâtiments par de nouvelles constructions. Montoyer, architecte du gouvernement, fut chargé de dresser les plans, et Thomas Lambert Ghenne, président du collège, posa la première pierre de l'édifice, sous le rectorat de Wuyts. Les travaux furent terminés en 1778. L'édifice forme un quadrilatère de 100 mètres de profondeur sur 70 de largeur, dont les bâtiments à trois étages, d'une ordonnance fort simple, bordent une cour intérieure. On a accès au bâtiment du fond par un large perron qui conduit à trois portes en plein cintre. La façade extérieure, compte trois avant-corps similés, dont celui du centre offre six pilastres ioniques modernes avec fronton ; chacun des avant-corps latéraux a quatre pilastres du même ordre, posant sur un soubassement rustique et couronnés d'un fronton cintré. Mais cette façade n'est pas assez élevée en proportion de sa longueur et l'entablement des avant-corps est brisé, d'une manière fort désagréable, par les fenêtres de l'étage.

A l'exception des pilastres, des corniches, des chambranles des portes et fenêtres et autres parties saillantes, cet édifice est entièrement construit en briques. C'est dans ce collège que l'empereur Joseph II établit, en 1788, son séminaire général. En 1792, il servit aux réunions des clubs républicains, et, en 1801, il fut converti en succursale de l'hôtel des invalides de l'armée française. Bonaparte, alors premier consul, visita la succursale de Louvain, le 30 juillet 1803. Les invalides quittèrent le collège les 20, 21 et 22 janvier 1814, et se rendirent à Arras. En 1826, le roi Guillaume y établit le collège philosophique, qui exista jusqu'en 1829. En 1827, il y fit ajouter le Grand Auditoire. Cet édifice, construit d'après les plans de M. Hensmans, présente une spacieuse demi-rotonde. Après la révolution de 1830, le collège servit successivement de magasin à fourrages, de caserne et de foire. Depuis 1835, il forme la pédagogie pour les étudiants de la faculté de philosophie et lettres de l'université.

CHAPITRE XV.

LES COLLÈGES DE L'UNIVERSITÉ (SUITE).

6. LE COLLÈGE DE BOIS-LE-DUC OU DE ST-WILLEBRORD.

Le collège de Bois-le-Duc, fondé au commencement du XVIIe siècle, doit son origine à la générosité de Nicolas Zoësius, cinquième évêque de Bois-le-Duc. Nicolas Zoësius, né à Amersfoort en 1564, suivit le cours de droit à l'université de Louvain et embrassa l'état ecclésiastique. Après avoir achevé ses études d'une manière brillante et pris le grade de licencié ès-droits, il devint secrétaire de Jean Vendville, évêque de Tournai, qui le nomma aussi chanoine de sa cathédrale et official du diocèse. Bien qu'éloigné de Louvain, il ne cessa de témoigner le plus vif intérêt à l'*Alma Mater*. C'est ainsi que, pendant une des dernières années du XVIe siècle, la pédagogie du Faucon s'étant trouvée sur le point de périr, faute de ressources pécuniaires, le chanoine de Tournai assisté d'un gentilhomme nommé Charles van Zillebeke, dit aussi Tackoen, acheta, pour le sauver de la ruine, le collège du Faucon avec toutes ses dépendances, à la Faculté des Arts et le restitua ensuite à la même Faculté moyennant des conditions peu onéreuses.

Après la mort (en 1592) de l'évêque Vendville, son ami et protecteur Zoësius continua de résider à Tournai jusqu'en 1603, année où il fut nommé assesseur ecclésiastique et maître de requêtes au Grand Conseil de Malines. Ces fonctions importantes le rapprochèrent de sa chère université de Louvain, à laquelle il s'empressa de donner un nouveau gage de son attachement sincère, en y érigeant un collège pour l'étude de la philosophie et de la théologie. Dans ce but, il fit, en 1604, l'acquisition d'un bloc de maisons qu'il fit approprier pour la nouvelle institution. Dès le mois d'octobre 1605, plusieurs étudiants s'y trouvaient réunis.

Zoësius se réserva la direction de l'établissement qu'il faisait administrer par un président désigné par lui et placé sous sa surveillance ; il conserva cette direction jusqu'à sa promotion, en 1614, au siège épiscopal de Bois-le-Duc. Lorsque les nombreuses occupations de sa charge pastorale lui laissaient quelques moments de loisir, il les consacrait volontiers à son collège de Louvain. En 1625, s'étant trouvé de passage en cette ville d'où il devait se rendre à Ypres pour assister au synode ecclésiastique, il y fut subitement atteint d'une fièvre pernicieuse qui le conduisit au tombeau, après quelques jours de maladie. Il s'éteignit paisiblement dans le collège qu'il avait fondé, le 22 août de la même année ; ses restes mortels furent transportés à Bois-le-Duc et inhumés dans la cathédrale.

Par disposition testamentaire, Zoësius avait organisé, d'une manière définitive, le collège qu'il avait établi à Louvain. Il avait disposé, entre autres choses, que les boursiers seraient reçus en aussi grand nombre que le permettraient les ressources de la fondation ; que parmi eux il y aurait toujours au moins deux jeunes gens d'Amersfoort et deux de la ville ou du territoire d'Utrecht. Ils seront admis en vertu d'un concours après avoir terminé leurs cours de philosophie ou tout au moins après avoir été promus à la licence ès-arts ; ils s'appliqueront à l'étude de la théologie, prendront le grade de bachelier en cette science, et se prépareront ensuite à entrer dans le ministère paroissial en Hollande. Pour subvenir à l'entretien de la fondation, Zoësius légua au collège tous ses biens meubles et immeubles. Malheureusement la plupart de ces legs, entre autres la riche bibliothèque que le fondateur avait formée, furent totalement perdus pour le collège ou détruits lors de l'occupation de la ville de Bois-le-Duc par les troupes hollandaises, en 1629. A la suite de ces pertes, on songea un instant à vendre les bâtiments du collège pour créer des bourses volantes au moyen du produit de la vente ; mais quelques généreux bienfaiteurs étant venus au secours de l'établissement l'aliénation put être empêchée.

Le collège de Bois-le-Duc était situé à la place du Peuple, presque au coin formé par cette place et le marché aux Grains. Il est aujourd'hui remplacé par des maisons particulières.

7. LE COLLÈGE DE HOLLANDE, DIT AUSSI DE SAINTE-PULCHÉRIE.

Sasbold Vosmeer, vicaire apostolique des Provinces-Unies, et Adalbert Eggius qui, pendant plusieurs années, administra comme vicaire général le diocèse de Harlem, conçurent ensemble le projet d'organiser un collège, pour y élever et faire instruire des jeunes gens appelés à devenir un jour des ouvriers évangéliques dans la mission hollandaise. Voyant l'avantage qu'il y aurait à réunir ces jeunes gens dans une ville universitaire voisine, ils envoyèrent, vers 1583, quelques étudiants à Cologne, pour y vivre en communauté, sous la direction d'un ecclésiastique, dans une maison prise en location. Rovenius qui, en 1614, succéda à Vosmeer dans le vicariat apostolique des Provinces-Unies, devint président de cette institution, vers l'année 1600. En 1605 il fut remplacé dans cette charge par Eggius lui-même qui dirigea le collège jusqu'au moment de sa mort, arrivée le 18 juillet 1610. Il eut pour successeur Léonard Marius, devenu plus tard vicaire général du diocèse de Harlem. Après la mort d'Eggius, le vicaire apostolique Sasbold Vosmeer, désireux de donner plus de stabilité à une institution aussi utile, résolut de consacrer toutes les ressources dont il disposait à la dotation complète d'un collège où l'on formerait exclusivement des ecclésiastiques pour les missions de la Hollande. Il acheta donc de ses propres deniers, dans la ville de Cologne, un immeuble situé dans la Grosse Bottengasse (aujourd'hui la Grosse Budengasse); cette maison formait précédemment la *curia* ou l'hôtel de l'avocat noble de l'archevêque-électeur ; comme elle avait été acquise en 1262 par un patricien de Cologne appelé Hilger von der Stessen, elle reçut, depuis cette époque, le nom de Hof zur Stessen. Ce fut dans cet édifice qu'il ouvrit, le 1er juillet 1613, un collège dédié aux saints Boniface et Willebrord, apôtres de la Hollande, et destiné à recevoir des jeunes gens originaires des Provinces-Unies. Il nomma professeurs de l'établissement un membre du clergé d'Utrecht et un autre de celui de Harlem : Jacques Boolius, docteur en théologie et chanoine de Notre-Dame à Utrecht, pour l'archevêché d'Utrecht ; et Sibrand Sixtius, licencié en théologie et chanoine de St-Bavon, pour le diocèse de Harlem. Le vicaire apostolique se réserva à lui-même et à ses successeurs dans le vicariat la haute direction et l'inspection du collège, avec la faculté de le transférer dans toute autre ville à sa convenance.

Rovenius, qui avait succédé, en 1614, à Sasbold Vosmeer comme vicaire apostolique des Provinces-Unies, profita de la faculté que lui réservait la dernière clause pour transférer à l'université de Louvain, conformément à la volonté expresse des donateurs, la part de fondation apportée par des bienfaiteurs appartenant au diocèse de Harlem. Le nouveau collège fut ouvert à Louvain, au mois d'avril ou de mai 1617, dans de vastes bâtiments situés sur le marché aux Porcs (actuellement la place Saint-Antoine) et achetés, l'année précédente, à Louis van den Tympel, mayeur de la ville. Ces bâtiments, construits en 1511, formaient l'hôtel des Uten Liemingen ou de Limminghe, la première des sept familles patriciennes de Louvain. Le nouveau collège fut dénommé collège de Hollande, parce qu'il avait pour destination de former des prêtres pour les missions de la Hollande ; quelquefois aussi on l'appela collège de sainte Pulchérie, non pour avoir été dédié à cette sainte, mais parce que ses premiers proviseurs avaient fait placer, au-dessus de la porte d'entrée, une belle (*pulchra*) statue en pierre, représentant la sainte Vierge et que le peuple désignait généralement sous le nom de Belle Vierge, *schoone Lieve Vrouw, beata Maria pulchra.*

En 1757, lors de la reconstruction du collège, cette gracieuse statue fut transportée dans la cour intérieure, presque vis-à-vis de la porte d'entrée. Après la dispersion de l'université et la suppression du collège, elle fut donnée à l'église de St-Michel, où on la voit encore aujourd'hui sur l'autel dédié à la Sainte Vierge. Les proviseurs du collège de Hollande étaient toujours au nombre de deux et appartenaient au clergé de Harlem; ils nommaient le président et conféraient les bourses. Grâce aux largesses de plusieurs curés des diocèses de Harlem et d'Utrecht, ces bourses devinrent en peu de temps si nombreuses que le collège de Hollande fut bientôt un des plus considérables de l'université. Les boursiers pouvaient y commencer leurs études à partir de la philosophie.

Le collège de Hollande fut presque entièrement rebâti en 1756 et 1757, sous la présidence du professeur Lelivelt, comme le rappelle l'inscription que l'on voit au-dessus de la porte d'entrée : *Collegium Hollandium Divae Pulcheriae sacrum. Renovatum anno 1757.* On ne conserva, de l'ancien hôtel de Limminghe, qu'une petite partie de façade, située à droite de la porte d'entrée. Vers la fin de sa vie

(1763-1764), le président Lelivelt fit encore orner la nouvelle chapelle, qu'il avait fait construire avec grand soin, de cinq tableaux sur toile peints par Verhaghen. Ces toiles que l'on y voit encore, comptent parmi les meilleures de ce peintre distingué. A la suppression de l'université en 1797, toutes les propriétés mobilières et immobilières de l'*Alma Mater* furent cédées, comme nous l'avons dit, au Prytanée français et à l'école Saint-Cyr. Le collège de Hollande fut mis aux enchères, en deux lots, le 15 juin 1810; les bâtiments furent acquis par le citoyen Huin, receveur du Prytanée dans le département de la Dyle, et le jardin par Michel Joseph Van Gindertaelen. Le 28 juin 1812, l'avocat de Laittre, de Namur, acheta, du citoyen Huin, les bâtiments du collège, et en céda l'usage à Mademoiselle Paridaens pour y établir une maison d'éducation pour jeunes filles. Plus tard cette institution fut transformée en une communauté religieuse, dite des *Filles de Marie*, et désignée encore actuellement sous le nom de Paridaens. A ce couvent sont annexés un établissement d'instruction primaire et une école normale pour institutrices.

8. LE COLLÈGE DE LA HAUTE-COLLINE, DIT AUSSI D'UTRECHT.

Le collège des Saints Boniface et Willebrord, à Cologne, servait exclusivement à former de jeunes ecclésiastiques pour l'archevêché d'Utrecht, depuis le transfert en 1616, au profit du collège de Hollande à Louvain, des fondations faites primitivement en faveur du diocèse de Harlem. Sous l'intelligente direction du président Marius et de ses successeurs, cet établissement fournit au clergé d'Utrecht, pendant l'espace d'un demi-siècle environ, une nombreuse phalange de prêtres distingués par leur science, leur piété et leur attachement inviolable à la foi de leurs pères.

Voici la série des présidents de ce collège depuis le commencement du XVIIe siècle :

1. *Philippe Rovenius* devint président vers l'année 1600.

2. *Adalbert Eggius*, l'un des fondateurs,

dirigea le collège depuis l'année 1605 jusqu'à sa mort.

3. *Léonard Marius*, de Goes, docteur en théologie, curé de Saint-Laurent, à Cologne, remplaça Eggius et resta président jusqu'en 1629. A cette époque, il retourna en Hollande, où il devint curé à Amsterdam, archidiacre de Harlem, et vicaire général du diocèse du même nom. Il mourut à Amsterdam le 18 octobre, âgé de 64 ans. Marius était un helléniste et un orientaliste distingué; il s'est surtout rendu célèbre par la conversion de Vondel, qui avait été son élève.

4. *Modeste Etienne Sunck*, de Harderwyck, docteur en théologie, succéda à Marius, et conserva la présidence jusqu'à sa mort, arrivée en juillet 1655.

5. *Henri Patricius*, docteur en théologie, archiprêtre et chanoine de Notre-Dame-ad-Gradus, à Cologne, fut président depuis la mort de Sunck jusqu'à la suppression du collège.

Malgré les excellents résultats qu'il ne cessait de produire, le collège de Cologne fut supprimé, vers 1673, par le vicaire apostolique Jean de Neercassel, évêque de Castoro *in partibus infidelium*, de commun accord avec les proviseurs de la fondation. Le 31 mai de cette même année, on vendit les bâtiments à Adolphe Weiperler et son épouse Gertrude Vander Heyden. Henri Patricius, qui était président du collège à cette époque, signa l'acte de vente.

Les erreurs jansénistes, dont le vicaire apostolique et quelques membres éminents du clergé d'Utrecht étaient déjà imbus à cette époque, ne furent pas étrangères à la suppression du collège de Cologne et à sa translation dans la ville de Louvain. Nous possédons à cet égard le témoignage de Théodore de Cock, le biographe du vicaire apostolique Pierre Codde, successeur de Jean de Neercassel. Deux années plus tard, en 1683, Neercassel, désireux de se conformer à l'intention des donateurs, affecta le produit de la vente des biens de Cologne à la création d'un nouveau collège à Louvain, destiné comme le premier à former des missionnaires pour l'archevêché d'Utrecht.

Dès l'année 1683, on s'occupa activement de l'érection du nouveau collège. On acheta, à cette fin, le bel hôtel de la famille van 't Sestich ou *Sexagius*, situé dans la rue du Prévôt (actuellement la rue de Namur) et adossé à la porte intérieure de la ville, connue sous le nom de porte de Saint-Quentin.

Malgré les appréhensions de beaucoup de catholiques bien pensants qui firent valoir des motifs sérieux pour empêcher la suppression de celui de Cologne, le vicaire apostolique ne se laissa pas ébranler par leurs arguments. Il fit imprimer, la même année à Amsterdam, les statuts de la nouvelle institution et s'efforça de la consolider en y contribuant largement de ses propres deniers et en recueillant pour son entretien des dons particuliers très considérables.

Deux années entières furent consacrées à l'appropriation des édifices et à l'organisation intérieure ; les premiers élèves ne furent admis que vers la fin de 1685, un an avant la mort de Neercassel, qui, dans son testament, avait encore généreusement doté son institut. Sa situation sur un des points culminants de Cologne où il avait porté le nom de *hoher Hügel* et sa position actuelle sur une hauteur d'où l'on dominait toute la ville de Louvain lui avaient conservé la dénomination de collège de la Haute-Colline, *collegium Alticollense*. Comme on y formait des prêtres pour le diocèse d'Utrecht, il fut appelé pendant longtemps du nom de cette ville.

Les ressources primitives du collège de la Haute-Colline furent presque entièrement perdues par les malversations des jansénistes d'Utrecht. De nouvelles fondations de bourses furent constituées plus tard à son profit sous le gouvernement des Pays-Bas Autrichiens qui l'avait pris sous sa haute direction. Deux présidents, Joostens et Terwaek, léguèrent successivement des sommes importantes : le premier entre autres, un capital de 3000 florins destiné à fonder, en faveur d'un théologien originaire de la Hollande, une bourse dont il désigna comme collateurs le président et les proviseurs du collège. Au moment de la suppression de l'université, les revenus de la Haute-Colline s'élevaient à 2813 florins 12 sous et 1 denier ; il n'en reste plus aujourd'hui qu'une minime partie.

Les bâtiments de la Haute-Colline ont été affectés à diverses destinations. En 1835 on y transféra le collège communal d'humanités. Par convention conclue en date du 14 août 1837, entre l'administration communale de Louvain et l'université catholique, celle-ci obtint l'usage des bâtiments de la Haute-Colline pour y organiser un cours complet d'humanités. Le collège s'ouvrit, sous la direction de l'université, au mois d'octobre 1838, et ne cessa de produire les résultats les plus brillants. En 1850, l'administration communale fit la reprise du local pour y installer, sous son patronage, un collège d'humanités et d'études professionnelles, dont l'ouverture eut lieu le 14 octobre de la même année. Depuis 1884, il est transformé en athénée royal.

9. LE COLLÈGE DU ROI OU SÉMINAIRE ROYAL.

Le collège du roi ou séminaire royal, *collegium* ou *seminarium regium*, doit son origine à la générosité du roi Philippe II. On sait que, sur les instances réitérées du roi d'Espagne, le pape Paul IV, par sa bulle *Super universi*, du 12 mai 1559, réorganisa la hiérarchie ecclésiastique dans les Pays-Bas et y établit plusieurs nouveaux évêchés. Des ouvriers apostoliques, capables d'exercer les fonctions du saint ministère, manquaient dans la plupart de ces diocèses, de création récente, et organisés au milieu des troubles et de la guerre civile. Les séminaires épiscopaux, dont le Concile de Trente venait à peine de décréter la fondation, ne purent s'établir immédiatement dans chaque diocèse; peu d'entre eux, du reste, fournissaient un nombre suffisant d'ecclésiastiques propres aux fonctions pastorales. A Louvain même, dans les collèges de théologie, écrasés par les logements et les exactions militaires, le nombre des étudiants avait considérablement diminué.

Ce fut dans ces tristes circonstances que Guillaume Lindanus, évêque de Ruremonde et docteur en théologie de Louvain, se rendit à Madrid au commencement de l'année 1579.

Une des choses qu'il recommanda le plus vivement à la sollicitude de Philippe II, ce fut la création, à Louvain, d'un nouveau collège pour la formation de jeunes lévites. Jean Vendville, docteur ès-droits, qui illustra plus tard par ses vertus le siège épiscopal de Tournai, faisait, à cette époque, partie du conseil privé de Sa Majesté; il appuya vivement auprès du roi la demande de l'évêque de Ruremonde. Philippe II ne résista pas à ces instances : il décréta, par lettres patentes du mois de mars 1579, la fondation, à Louvain, du collège du Roi, chargea Lindanus de l'organiser et lui fit remettre en outre, par le duc de Parme, gouverneur des Pays-Bas, la somme de trois mille ducats pour subvenir aux premiers frais.

Lindanus se mit aussitôt à l'œuvre. N'ayant pas trouvé immédiatement un immeuble convenable pour en faire l'acquisition, il se mit en rapport avec le docteur Henri Gravius, professeur de théologie, afin d'en obtenir en location les deux collèges du St-Esprit, alors abandonnés par les étudiants, par suite de l'occupation militaire. Ses démarches ayant abouti, la nouvelle fondation put s'installer provisoirement dans les bâtiments des deux collèges, où les cours furent donnés jusqu'au 24 juin 1586; à ce moment, le collège du Roi fut transféré définitivement sur l'emplacement qu'il occupa jusqu'à la suppression de l'université en 1797.

Les ressources du collège consistaient en dons-charitables et revenus fixes. A la demande de Lindanus, le Souverain-Pontife Grégoire XIII y contribua lui-même, en 1585, en versant une somme de cinq cents ducats. Philippe II et ses successeurs imposèrent, au profit du collège, des taxes sur les revenus de quelques abbayes de la Flandre française; malheureusement, plusieurs de celles-ci, ayant passé dans la suite sous la couronne de France, cessèrent de payer leur quote-part, ce qui diminua notablement les ressources de la fondation. La population de l'établissement s'élevait ordinairement à septante élèves. Ils s'appliquaient, sous la direction du président, à l'étude de l'écriture sainte, de la dogmatique, de la morale, et faisaient des exercices de prédication.

En 1776, sous la présidence du chanoine Thysbaert, les anciens corps de bâtiment furent démolis et remplacés, d'après les plans du géomètre Ghenne, par l'édifice que l'on voit aujourd'hui.

On plaça dans un cartouche, au dessus de la porte d'entrée, les armes du roi d'Espagne, qui furent abattues par les révolutionnaires français de 1793. Ils ne laissèrent que l'unique inscription demeurée jusqu'à nos jours : *Collegium Regium Fundat.* A. MDLXXIX, *Renovat.* A. MDCCLXXIX.

Après la dispersion de l'université, le collège servit à diverses destinations. A la suite du décret du 23 septembre 1816 érigeant à Louvain une université de l'Etat, on y a installé les collections d'histoire naturelle, comprenant la zoologie et l'anatomie comparée. Elles y ont été maintenues définitivement. *(Cfr.* Chanoine E. Reusens, *Analectes de l'Annuaire de l'Université de Louvain).*

CHAPITRE XVI.

LES COLLÈGES DE L'UNIVERSITÉ (SUITE).

10. LE COLLÈGE DU SAINT-ESPRIT.

AVANT l'érection des nouveaux évêchés au XVIe siècle, il n'y avait pas de séminaires proprement dits en Belgique; l'enseignement de la faculté de théologie de l'université de Louvain en tenait lieu jusqu'à un certain point. Cet enseignement, il est vrai, n'était que facultatif. Ceux qui n'en profitaient point étudiaient les sciences sacrées chez quelque membre du clergé, parfois même sans quitter la maison paternelle. Les anciens statuts ecclésiastiques prescrivaient à ceux qui se préparaient aux ordres de se faire inscrire quelque temps à l'avancé, et de ne se présenter qu'avec de bons témoignages de leur curé et de ceux qui les avaient instruits. Ils recommandent de ne les admettre qu'après des examens faits avec le plus grand soin par les évêques eux-mêmes ou par des personnes graves désignées à cet effet. A Louvain, on s'était préoccupé de bonne heure des soins spéciaux à donner à ces jeunes clercs. Dès la douzième année après l'érection de la faculté (1440), l'on voit commencer le *grand collège* des théologiens, (collège du Saint-Esprit), que l'on peut appeler à juste titre un grand séminaire. Rien ne manquait à cet établissement pour mériter ce nom. La science y était cultivée avec soin ; la piété y était en honneur ; la direction et la vigilance des supérieurs était une barrière au relâchement. C'est dans cette maison que fut instituée d'abord la célèbre dispute hebdomadaire, encore connue sous le nom de *Sabbatine*; c'est là que furent élevés tant de prêtres fervents, que nous rencontrons dans nos diocèses au moment même de l'érection de nouveaux sièges épiscopaux.

Le collège des théologiens doit son origine à Louis de Rycke et à son épouse Judoca Van den Putte, tous deux issus de familles patriciennes de Louvain.

En 1442, ils firent don d'une maison avec dépendances pour être occupée par des étudiants de la faculté de théologie. Cette propriété se trouvait au coin de la rue dite *Proost-straete* ou *Hevel-straete*, appelée aujourd'hui Montagne du Collège.

Par testament du 10 novembre 1452, les fondateurs, tout en confirmant les donations précédentes, disposèrent encore en faveur du collège de quelques biens situés dans les communes de Winxele, Hérent et Velthem. Louis de Rycke mourut vers l'année 1458, et son épouse en 1478; ils furent enterrés à l'église des Frères-Mineurs, à Louvain.

Catherine Pinnox, morte le 11 mars 1513, donna par testament sa maison, située au coin de la Montagne St-Antoine, à condition qu'elle servirait de demeure au président du collège. Deux maisons voisines, dont la faculté de théologie fit plus tard l'acquisition, furent incorporées dans l'établissement.

En 1523, Corneille Braen, originaire de Venise et négociant à Anvers, fit construire à ses frais le bâtiment qui sépare la cour du jardin et qui servait aux disputes sabbatinales. Pierre Cortel, archidiacre de Tournai, y fit ajouter, du côté de la rue de Namur, pour le logement de ses boursiers, un petit bâtiment qui porta son nom jusqu'en 1722. Les anciennes constructions furent successivement remplacées. C'est ainsi qu'en 1721, le président Antoine Parmentier fit bâtir l'aile du collège située au nord et une partie de celle qui comprend la chapelle. Son successeur, Jean François Stoupy, acheva celle-ci ainsi que le portique au-dessus duquel on lit le chronogramme suivant :

PRAESIDIO SPIRITUS SANCTI CONSURREXIMUS.

L'aile droite, qui renferme le réfectoire, avait été construite en 1614, sous la présidence de

Guillaume De Smet; en 1790, le docteur Van de Velde la fit rebâtir et y ajouta un nouveau bâtiment qui devait servir d'habitation au président; son prédécesseur, le docteur Van der Auwera, fit jeter, en 1769, les fondements de la maison actuellement occupée par le recteur de l'université.

Des cours d'humanité furent donnés durant les premières années de ce siècle au grand collège du S-Esprit. La convention du 13 octobre 1835 le rendit à sa destination primitive.

II. LE COLLÈGE DE MONS.

Ce fut un montois, Jean de Biévene, docteur en droit civil et canonique, qui fonda cet établissement par acte testamentaire de 1596. Il avait été promu au doctorat en 1565 ; après avoir été assesseur au conseil de Hainaut, il avait été nommé professeur de droit à Louvain et chanoine du chapitre de Saint-Pierre, en la même ville. Il mourut le 1 juillet 1596. Il légua sa maison pour servir de pension à vingt-sept élèves et y affecta une dotation en biens ruraux et en rentes, à l'exclusion de bourses d'études. Il institua un président chargé de la direction du collège : la qualité de prêtre était la principale condition requise pour exercer ces fonctions. Le collège fut doté dans la suite par Jean Sauvage, d'Arras, chanoine de St-Pierre, qui lui légua tous ses biens, et peut en être considéré comme le second fondateur. Il mourut le 28 septembre 1646. Le collège de Mons fut vendu en 1805 et converti en une habitation particulière qui a disparu en 1870 à la suite du prolongement de la rue de la Station jusqu'à la Grand'Place.

12. LE COLLÈGE DE HOUTERLÉ.

Le fondateur de ce collège fut Henri de Houterlé, né à Hoogstraten, écolâtre de St-Pierre. Avant de devenir membre de l'Université en novembre 1483, il avait fait un voyage en Terre-Sainte, où il avait été affilié à l'ordre du St-Sépulcre. Le 18 octobre 1499, de Houterlé acheta de Jean van der Meren, exécuteur testamentaire du Dr Conrard de Mera, une maison, rue du Canal, dans laquelle il érigea un collège pour étudiants en théologie. Il en confirma la fondation par son testament, en date du 29 décembre 1511. Le fondateur avait annexé à ce collège un établissement pour les enfants de chœur de la collégiale de St-Pierre. De Houterlé mourut le 2 janvier 1512 et fut enterré à St-Pierre, devant l'autel du S. Nom de Jésus.

Les bâtiments de ce collège furent reconstruits, en 1777, par les soins du président Joseph Ghislain Réga. Il n'offrait de place que pour quinze étudiants tant boursiers que pensionnaires. En 1821, ce local fut restitué à l'administration des fondations boursières du collège. Il forme actuellement le presbytère de l'église de St-Pierre.

13. LE COLLÈGE DE BREUGEL.

Parmi les nombreux collèges de l'université, un seul avait été fondé exclusivement en faveur des étudiants en médecine; c'était celui de Breugel — *collegium Bruegelianum*, —

ainsi appelé du nom de son fondateur, Pierre Bruegel, Breugel, ou van Breugel.

Né à Bois-le-Duc, Bruegel étudia la philosophie et la médecine à l'université de Louvain. Il se rendit ensuite en Italie pour se perfectionner dans les sciences médicales, prit le grade de docteur en médecine et enseigna, pendant quelques années, à l'université de Padoue. De retour à Louvain, il y fut nommé, en 1562, par Philippe II, professeur royal extraordinaire à la faculté de médecine. Médecin savant et homme de grande expérience, il était doué d'un talent oratoire des plus remarquables. Par son éloquence et sa vaste érudition, il se créa, au bout de peu de temps, une réputation bien méritée. Bruegel ne paraît pas avoir rempli les devoirs de professeur avec beaucoup d'assiduité ; presque toujours absent de Louvain, il résidait ordinairement à la cour de Bruxelles où il était recherché, pour sa pratique médicale, par les nobles et les grands seigneurs. Atteint de la peste, il mourut à Louvain le 22 mai 1577. Il fut enterré à l'église de St-Pierre, devant l'autel de la chapelle de Saint-Luc. Ce collège, converti aujourd'hui en habitation particulière, était situé rue Neuve, en face du tribunal actuel de première instance.

14. LE COLLÈGE DE LA SAINTE-TRINITÉ.

A l'origine de l'université, l'enseignement des humanités était réparti entre les quatre pédagogies de la Faculté des Arts. Ce fut l'écolâtre de l'église de St-Pierre, François Van Niculandt, de Gand, qui songea le premier à établir un collège pour y concentrer l'enseignement des humanités. Dans cette vue, il adressa, le 24 février 1559, une requête à l'université, appuyée d'un mémoire sur l'organisation de l'enseignement. En dépit des réclamations soulevées par la Faculté des Arts, Van Nieulandt obtint, avec la jouissance des privilèges universitaires, l'autorisation d'ouvrir un cours d'humanités en sa demeure, sise au *Langen-Bruel*, la rue actuelle des Brasseurs, à l'endroit où se trouvait autrefois le refuge de l'abbaye de Parc-les-Dames. Le fondateur mourut le 11 juin 1574, laissant par testament la gestion de son collège aux anciens des cinq Facultés de l'université et aux deux bourgmestres de Louvain.

Le défunt n'avait affecté aucun revenu à sa fondation; celle-ci s'étant trouvée, après peu d'années, dans l'impossibilité de se maintenir, faute de ressources, la régence invita l'*Alma Mater* à la soutenir de ses deniers. Heureusement on fut mis hors de peine par les largesses d'un gentilhomme de Lille, Jean de Vaulx, qui venait par testament de laisser des biens considérables pour être appliqués à des œuvres de charité. Retiré dans le couvent des Bogards, ce généreux donateur y était décédé le 7 avril 1589, en désignant pour son exécuteur testamentaire Jacques de Bay, doyen de St-Jacques. Ce digne prêtre qui connaissait les besoins de l'institution en détresse, n'hésita pas, à la sollicitation des proviseurs du collège et de son régent, Liévin Ghoir, à y consacrer tout le produit de l'héritage. Par acte du 14 octobre 1592, l'autorité communale céda à de Bay tous les droits qu'elle possédait sur l'établissement, exemple qui fut suivi l'année suivante, par les proviseurs. L'école continua de subsister successivement sous le nom de collège de Nieulandt, et de celui de collège de Vaulx. Ses revenus furent appliqués plus tard à la fondation du collège des humanités, dit le *nouveau collège* ou *collège de la Ste-Trinité*, édifice très remarquable et qui fut bâti en 1657, dans le style de l'époque, et domine aujourd'hui, dans toute son étendue, le côté méridional de la place du Vieux-Marché. Il est occupé, depuis 1843, par un établissement d'instruction dirigé par les Joséphites.

15. LE COLLÈGE D'ALNE OU D'AULNE.

Comme nous l'avons vu, les nombreux collèges de l'université formaient deux classes distinctes ; les collèges académiques proprement dits, et les collèges réunis à l'université. Cette seconde classe comprenait ceux de plusieurs ordres monastiques, qui, à ce titre et en remplissant certaines conditions, participaient à tous les droits et privilèges accordés à l'université par le Saint-Siège ou par les souverains du pays. Parmi eux figurait en première ligne, celui de l'abbaye d'Alne ou d'Aulne, près de Thuin dans le Hainaut, de l'ordre de Cîteaux. Il était placé sous la juridiction de l'ancien diocèse de Liège.

Edmond-Jouvent, de Mariembourg, qui en devint abbé en 1622, avait fait ses études en théologie à Louvain et obtenu le grade de licencié.

« Le nouveau prélat, dit M. Lebrocquy, s'était imposé la noble mission de faire revivre, non seulement dans le monastère d'Alne mais encore dans toutes les maisons qui en dépendaient, l'esprit primitif de la règle de Cîteaux. Ami des sciences et savant lui-même, il savait que l'ignorance et l'oisiveté sont la mère de tous les vices ; il dirigea toute son activité à faire renaître, par la voie du travail et de l'étude, l'ancienne gloire de son monastère. C'est dans ce but qu'il réorganisa la bibliothèque et fonda plus tard à Louvain, au prix de grands sacrifices, un collège destiné à servir de demeure aux jeunes religieux de son ordre qui venaient suivre à l'université les cours de philosophie et de théologie et prendre leurs grades académiques : *Collegium hoc instituit*, dit le continuateur de Verhulaeus, *ut sui, monastica disciplina domi bene imbuti, studiis pietatem exornarent.* »

L'abbaye d'Aulne possédait à Louvain une maison située rue de Namur, à l'angle droit de la montagne des Carmes. Après l'avoir fait approprier, Dom Jouvent inaugura son nouveau collège en 1629, sous le patronage de saint Bernard, comme il résulte de l'inscription placée autrefois au-dessus de la porte d'entrée :

DIVO · BERNARDO · SACRATUM.
ALNENSE · COLLEGIUM · AUSPICIIS · REV · ADM · D.
EDMUNDI · JOUVENT · ABBATIS · ALNENSIS · XXXIII.
PRO · SUO · QUO · IN · LITERAS · FEREBATUR · AMORE.
D · C · ANNO · M · D · C · XXIX.

Le collège, bâti sur la hauteur, occupait près des remparts une des situations les plus agréables de la ville; le fondateur n'avait reculé devant aucune dépense pour donner à cet asile de l'étude et de la science, un attrait digne du noble but auquel il le destinait. Il avait assigné, comme dotation pour l'entretien de la maison et de ses pensionnaires, une rente annuelle sur les revenus de la mense abbatiale et du monastère d'Alne. Par surcroît, il avait encore obtenu du chapitre général de l'ordre de Cîteaux les mêmes privilèges que ceux dont jouissait, à l'université de Paris, le collège des Bernardins, fondé en 1246 par Etienne de Lexington, abbé de Clairvaux, et qui devint, en 1320, commun à tout l'ordre Cistercien.

Les efforts de dom Jouvent tendaient à faire revivre les dispositions d'une bulle de Benoît XII touchant les études monastiques. Ce pontife avait décrété que, dans chaque monastère considérable, l'enseignement de la grammaire, de la philosophie et de quelques autres branches serait donné exclusivement aux jeunes élèves de la maison, et que, pour les études supérieures, on enverrait aux universités ceux qui montreraient le plus d'aptitudes spéciales.

Le collège d'Alne resta dans un état florissant jusqu'à sa suppression. Les bâtiments en furent confisqués et vendus par les révolutionnaires français. Une partie fut convertie en habitations particulières, le reste, qui forme le corps principal, a été acquis et approprié pour le nouveau collège Américain, fondé à l'intention des séminaristes belges qui se destinent pour les missions du Nouveau Monde.

16. LE COLLÈGE DES TROIS LANGUES OU COLLÈGE DE BUSLEIDEN.

Ce collège inauguré le 1er septembre 1518, dans une dépendance du couvent des pères Augustins, dans le voisinage du marché au Poisson, fut désigné sous le nom de *collegium Trilingue*, et aussi de *collegium Buslidianum* ou *Buslidii*, *collège de Busleiden*, en mémoire de son principal fondateur. Il était destiné à l'enseignement des trois langues hébraïque, grecque et latine. Les trois premiers maîtres chargés de cet enseignement furent Hadrianus Barlandus pour le latin, Rutgerus Rescius pour le grec, et Matthaeus Adrianus pour l'hébreu.

Jérôme Busleiden, né à Arlon vers 1470, appartenait à une famille noble du Luxembourg, qui avait été comblée des faveurs des princes et du gouvernement des Pays-Bas. Après avoir étudié les lettres et les éléments du droit à Louvain, il visita l'Italie vers l'an 1498, et prit à Bologne le grade de docteur. Il occupa un siège au conseil souverain de Belgique, et remplit plusieurs missions diplomatiques auprès du pape Jules II, de François Ier et de Henri VIII.

Pendant les années où il résida en Belgique, Jérôme Busleiden montra le zèle le plus éclairé pour le progrès de l'instruction, et donna aux lettres un asile splendide en sa propre demeure, où il rassembla une collection d'antiquités, de manuscrits et de livres grecs et latins, qui était considérée comme une des plus précieuses de l'époque. Lui-même possédait beaucoup de savoir et était très versé dans la connaissance des langues grecque et latine, *vir utriusque linguae callentissimus*, au jugement d'Erasme.

Il avait embrassé l'état ecclésiastique, et il devint successivement chanoine de Malines, de Sainte-Waudru à Mons et de Saint-Lambert à Liège, trésorier de Sainte-Gudule à Bruxelles, archidiacre de Notre-Dame à Cambrai, et prévôt de l'église de Saint-Pierre à Aire en Artois; c'est de cette dernière dignité qu'il prenait le titre de *praepositus ariensis*.

Jérôme Busleiden mourut à Bordeaux, le 27 août 1517. Il avait fait son testament à Malines, le 22 juin de la même année, et il y ajouta quelques codicilles. Dans ce testament, il prit les dispositions nécessaires à la dotation d'un enseignement des trois langues savantes, qui serait institué à l'université de Louvain. Il créa à cette fin treize bourses pour les honoraires de trois professeurs et pour l'entretien de dix élèves; il affecta les fonds nécessaires sur tous ses biens tant mobiliers qu'immobiliers. Les six premiers boursiers devaient être choisis de préférence parmi les Luxembourgeois; ce choix devait se porter sur ceux qui donneraient les plus belles espérances à l'Eglise de Dieu et aux bonnes études; entre plusieurs concurrents, le plus pauvre devait être préféré, s'il n'était pas inférieur aux autres pour la conduite et pour l'aptitude.

Il faut bien le reconnaître, la nouvelle institution ne s'était pas établie sans opposition et sans lutte au sein de l'*Alma Mater*. Elle avait pour adversaires les partisans de la routine, les prôneurs ignorants du passé, toute une foule dominée par les préjugés d'éducation et d'école. Une certaine inquiétude, une certaine méfiance se montrait aussi chez des hommes graves et instruits, chez la plupart des membres de la Faculté de Théologie, en particulier, qu'en ce temps de réforme, de bruit et d'exaltation, tout changement, toute nouveauté trouvaient peu sympathiques. Ces hommes gardaient un silence peu encourageant, mais d'autres attaquaient, même violemment, la nouvelle institution. Les démonstrations hostiles ne manquèrent point. La jeunesse universitaire, ardente comme toujours et s'agitant volontiers, s'amusait à crier, en mauvais latin, faisant allusion à l'emplacement du nouveau collège, et comme pour joindre l'exemple au précepte : « nous ne parlons pas, nous, le nouveau latin du marché au Poisson, mais le latin de notre mère la Faculté. » Tout ce tapage dura peu; Adrien VI, déjà cardinal alors, prononça un mot qui eut un grand retentissement, sans toutefois faire disparaître entièrement le mécontentement inquiet qui était dans un assez grand nombre d'esprits, et que les malheurs, les défections de ce temps agité ne faisaient qu'alimenter. Erasme mit un soin, une activité extrême à protéger les débuts du collège des Trois Langues; il se fit le défenseur officieux de l'institution, et ne négligea rien pour lui procurer des amis et des protecteurs. Mais la faveur d'Erasme avait ses inconvénients et ses dangers. Erasme, dit M. Nève, qui du reste le juge avec une indulgence que nous ne partageons pas entièrement, Erasme n'avait-il pas plus d'une fois abordé les questions les plus graves, au milieu de matières fort légères, et ne les avait-il pas traitées avec hardiesse, alors même qu'il n'avait rien cédé à l'erreur? N'avait-il pas apporté dans la satire, par exemple dans l'*Eloge de la Folie*, une causticité expressive, qu'avaient dû blâmer ses admirateurs sincères, tels qu'Adrien Barland et Dorpius ? Et même, ne s'était-il pas laissé aller quelquefois à des sorties violentes et de mauvais goût à l'adresse des docteurs entêtés, inexorables en leurs discours contre les lettres et ceux qui les cultivaient?

Quoi qu'il en soit, le premier siècle du collège des Trois Langues, dit avec raison son historien, est certainement glorieux pour l'université qui l'a vu naître dans son sein et grandir rapidement ; pour la Belgique, qui a été la première éclairée par ses travaux. Le XVIe siècle, dont l'histoire littéraire s'ouvre par le triumvirat d'Erasme, de G. Budé et de Vivès, se termine par le règne d'un autre triumvirat, formé par les noms de Juste-Lipse, de Joseph Scaliger et d'Isaac Casaubon ; dans l'un comme dans l'autre un nom qui le dispute à tout nom rival appartient aux Pays-Bas ; Erasme brille dans le premier, Juste-Lipse dans le second. Elle ne fut point stérile pour la saine érudition, pour l'avancement des études, pour la formation et la diffusion du bon goût dans les lettres, cette école qui a fleuri dans la vieillesse d'Erasme, et qui, moins de cent ans après, a produit le grand Lipsius, idole de son temps. La réputation du collège des Trois Langues s'étendit vite au dehors. Plus d'un pays étranger profita des fruits de son enseignement. Un historien bien connu de la Renaissance, l'anglais Henri Hallam, en a rendu ce témoignage éclatant : « Cet établissement produisit une foule d'hommes distingués par leur érudition et leurs talents ; Louvain, au moyen de son *collegium Trilingue*, s'élevant à un rang plus éminent encore que celui qu'avait occupé Deventer dans le XVe siècle, devint non seulement le foyer principal des connaissances en Belgique, mais encore un foyer d'où elles se répandirent en différentes parties de l'Allemagne. » L'Allemagne, parmi les pays étrangers, ne fut pas seule à profiter de l'enseignement du collège des Trois Langues ; il suffit d'un seul exemple à l'appui de cette assertion. Un savant Luxembourgeois, natif d'Arlon, fut appelé à la chaire de littérature latine du collège de France, chaire illustrée par Denis Lambin, et, au même moment, Jean Straselius occupait la chaire de grec au même établissement.

Les bâtiments de ce collège qui exerça près de trois siècles une influence salutaire sur la direction des études universitaires, furent en grande partie démolis. La partie qui en existe encore est occupée par M. Janssens, négociant.

17. LE COLLÈGE DE DRIEUX

(Actuellement Académie des Beaux-Arts).

Le collège de Drieux ou de Driutius doit sa fondation à Michel Drieux, de Volkerinkhoven, dans la châtellenie de Cassel, doyen de Saint-Pierre et official de l'évêché de Liège. Cet ecclésiastique laissa par testament les ressources nécessaires pour l'édification et l'entretien du collège. Les fonds furent réunis, en 1559, par les soins de ses exécuteurs testamentaires, Remi Drieux, conseiller au grand conseil de Malines, Wilmare Bernaert, docteur en droit, et Ch. Pin, habitant de Louvain. Baudouin

Drieux, doyen de St-Jacques, mort en 1630, augmenta encore considérablement les revenus de l'institution.

Le collège de Drieux, entièrement reconstruit en style monumental, en 1775, forme actuellement l'un des édifices les plus remarquables que possède la ville. L'extérieur n'a d'apparent qu'un magnifique portail de pierres bleues, construit en forme d'arc de triomphe. Le côté antérieur de la cour est bordé d'un portique à arcades, retombant sur des colonnes doriques, et terminé en plate-forme. Sur les trois autres côtés règnent des bâtiments uniformes à trois étages. Le centre de la façade, qui fait front à l'entrée, est orné d'un grand ordre de six pilastres ioniques, posés sur un rez-de-chaussée rustique et supportant un fronton d'une grande élégance.

En 1801, peu de temps après la suppression de l'université, le collège de Drieux fut approprié pour l'établissement d'une Académie des Beaux-Arts. Cette école à laquelle on a ajouté depuis une Section industrielle, occupe toujours les mêmes locaux.

18. LE COLLÈGE VAN DALE

(Actuellement refuge de Charité).

Pierre van Dale, d'Anvers, docteur *utriusque juris* et doyen de Saint-Martin d'Alost, fonda ce collège en 1569, en faveur de jeunes gens de sa famille et de ceux d'Anvers et d'Alost. Les élèves devaient s'appliquer d'abord à la philosophie, puis à la théologie ou au droit canon. Ils devaient être vêtus de longues robes comme les ecclésiastiques.

Le collège van Dale, construit en style monumental, passait à juste titre pour le plus beau de l'université. Ce fut à raison de cette bonne renommée que nos Gouverneurs généraux y descendirent souvent lorsqu'ils venaient visiter la ville. Il présente une belle et longue façade en style renaissance, à deux étages de fenêtres à croisillons de pierre. Au centre se trouve un étroit avant-corps en pavillon carré, dont la porte en plein ceintre est flanquée de deux colonnes doriques en pierres bleues, avec piédestaux et fronton triangulaire; l'étage supérieur est orné de trois petites colonnes ioniques cannelées, encadrant des fenêtres cintrées. Un large et beau portique, aujourd'hui muré, bordait autrefois le côté gauche du rez-de-chaussée de la cour. La chapelle, dont une partie a été convertie en infirmerie, était éclairée par des fenêtres en plein cintre ; la tourelle qui la surmonte, offre un spécimen très remarquable du style renaissance. L'on y voit un monument funèbre, en marbre noir, placé à la mémoire du fondateur qui y fut enterré. Les deux statuettes qui ornent le cénotaphe sont d'un très bon style. L'autel offre un intéressant retable en style ogival tertiaire, orné de bas-reliefs représentant des scènes de la vie du Christ.

Depuis 1802, ce collège est affecté à la résidence de vieillards pauvres des deux sexes.

CHAPITRE XVII.

LES COLLÈGES DE L'UNIVERSITÉ DE LOUVAIN (SUITE ET FIN).

19. LE PETIT COLLÈGE DES THÉOLOGIENS.

Il formait l'angle de la rue de Namur et de la Montagne Saint-Antoine ; il fut érigé le 18 juin 1561, dans une demeure léguée par Catherine Pinnock, veuve de Libert, sire de Meldert. Il servait de succursale au collège du Saint-Esprit établi à côté et devenu trop étroit pour loger les étudiants dont le nombre augmentait tous les jours. Comme ce dernier disposait de ressources considérables, on fit deux parts, en 1597, des revenus et fondations : deux tiers furent attribués au grand collège, et un tiers à l'autre. Reconstruit en 1719 en style moderne, ce collège fut vendu en 1805; il forme actuellement la demeure de M. Roberti, notaire.

20. LE COLLÈGE DE SAINT-YVES OU DES BACHELIERS.

Ce collège situé rue Neuve, à côté du tribunal civil, fut fondé en faveur des étudiants ès-droits, par Robert Van den Poele ou *de lacu*, de Gand, professeur de droit, qui légua sa maison à cette fin. Ce collège, plus tard richement doté, fut rebâti en 1776 d'après les plans de l'architecte J. Hustin, de Louvain. Chaque semaine les bacheliers en droit s'y réunissaient pour discuter des points controversés : de là le nom donné à l'établissement de collège des Bacheliers. Il possédait une très riche bibliothèque de livres de droit.

Le rez-de-chaussée et les étages sont occupés aujourd'hui par le tribunal de commerce, la justice de paix et les bureaux du tribunal civil.

21. LE COLLÈGE DE MALINES.

Il fut créé en 1500 en faveur de sept étudiants pauvres de la Faculté des Arts, par Arnould Trot, de Malines, chapelain de Saint-Pierre. Les revenus de la fondation ayant considérablement diminué, elle reçut, à partir de 1675, un subside annuel de l'administration communale de Malines.

Ce collège était situé rue de Diest, presqu'en face de la rue du Canal. A la suppression de l'université, il a été converti en maisons particulières.

22. LE COLLÈGE D'ARRAS.

Nicolas de la Ruystre, de Luxembourg, évêque d'Arras, est le fondateur de ce collège. Il est situé rue de Namur à côté de l'ancien collège des Prémontrés. Il était destiné à seize étudiants en théologie ou en droit canon. Les élèves devaient porter la soutane et ne pouvaient se montrer en public qu'accompagnés d'une personne agréée par le supérieur.

Vendu en 1805, le collège d'Arras, qui forme aujourd'hui une superbe habitation, est la propriété de M. E. Descamps-David, professeur à l'université de Louvain. Un arbre, de la famille des acacias, placé dans l'avant-cour, excite l'admiration des étrangers.

23. LE COLLÈGE DE SAINT-DONAT.

En face de l'ancien collège des Jésuites, rue de Bériot, à l'endroit où s'étend aujourd'hui une partie du parc Saint-Donat, s'élevait un établissement créé en faveur des étudiants en droit, par un prévôt de l'église de Saint-Donat, à Bruges. Il fut considérablement augmenté en 1544 par Jean Carondelet, archevêque de Palerme, qui peut en être considéré comme le second fondateur.

Ce collège fut entièrement reconstruit pendant le XVIIIe siècle. Il a été occupé nombre d'années par une fabrique de papiers peints, détruite par un incendie dans la nuit du 2 au 3 février 1848.

24. LE COLLÈGE DE STANDONCK.

Situé place de l'Université, ce collège fut fondé par Jean Standonck, de Malines, en 1499. Cet éminent docteur en théologie, aidé par quelques personnes pieuses et fortunées, avait fondé des établissements à Paris, Louvain, Malines, Cambrai et Valenciennes, pour l'étude de la philosophie et de la théologie. Le président du collège de Louvain s'appelait *pater* ou *père*. Les élèves vivaient comme des religieux et portaient l'habit de S. François de Paule. On les appelait *Kappekens*, à cause du capuchon qu'ils portaient.

Ce collège fut démoli en 1807.

25. LE COLLÈGE DE SAINTE-ANNE.

Ce collège qui se trouve, rue de Namur, en face de celui du Saint-Esprit, fut fondé par

Nicolas Goblet, de Bouvignes, prévôt de l'église de Dinant. C'était anciennement le refuge de l'abbaye d'Affligem. Il servait à l'entretien de seize religieux. Les locaux furent reconstruits en 1756. Ils sont occupés aujourd'hui par M. Hollanders, notaire.

26. LE COLLÈGE DE SAVOIE

Fut fondé par Eustache Chapuys, d'Annecy, qui se retira à Louvain après avoir occupé de hautes dignités à la cour de Charles de Savoie. A sa mort, en 1551, il fit donation par testament de l'hôtel qu'il habitait, pour y établir un collège en faveur d'étudiants pauvres originaires de Savoie. Ce collège fut rebâti en partie en 1650. Vendu au commencement du siècle, il a été en grande partie démoli. Il forme actuellement l'habitation de M. Vanderkelen, bourgmestre de Louvain.

27. LE COLLÈGE DE WINCKELE.

Il est situé rue de Tirlemont, en face de l'ancienne pédagogie du Faucon. Fondé par

Jean de Winckele, de Louvain, docteur en médecine, il était affecté aux études de droit. Il a été complètement reconstruit en 1750. Après avoir servi depuis sa suppression à diverses destinations, il a été converti, il y a quelques années, en école communale pour garçons.

28. LE COLLÈGE DE VIGLIUS OU DE LA GERBE DE BLÉ.

Ce collège, dont les bâtiments forment aujourd'hui une caserne d'artillerie, est situé rue de Namur, en face de l'ancien collège d'Aulne. Il fut fondé par le célèbre jurisconsulte Viglius d'Ayta, président du conseil privé des Pays-Bas, en faveur de jeunes gens se préparant à l'étude des sciences, de la théologie, ou du droit canon. En apprenant cette munificence, le roi Philippe II d'Espagne, qui tenait le donateur en haute estime, y ajouta, sur sa cassette particulière, une somme de 12,000 florins. En 1755, le collège fut entièrement reconstruit en style moderne, par les soins du président G. van Linthout, curé de St-Quentin. Il possédait un jardin magnifique au milieu duquel s'élevait une fontaine monumentale dont l'aspect produisait un beau coup-d'œil.

On désignait ce collège sous le nom de Gerbe de Blé ou *Tervenschoof-kollegie*, par allusion à l'emblême qui figure dans l'écusson du fondateur.

29. LE COLLÈGE DE CRAENENDONCK.

Marcel Craenendonck, de Tongelren, chanoine de Saint-Jacques, érigea ce collège par testament, en date du 20 août 1571, en l'honneur des cinq plaies de Notre Seigneur, pour l'entretien de quatre boursiers et d'un président. Ouvert en 1574, dans la maison du fondateur, rue de Bériot, il fut transféré, en 1598, dans une maison de la rue des Juifs, près l'église de Saint-Pierre.

Les chanoines réguliers de saint Augustin qui avaient leur couvent rue de Bruxelles, en face de l'église de Saint-Jacques, y annexèrent en 1616, un collège pour étudiants de leur ordre fréquentant les cours de l'université. En 1661, ils le transférèrent dans la demeure de

Jean de Robles, évêque d'Ypres, bâtie sur l'emplacement de l'ancien refuge de l'abbaye de Vlierbeek. Un siècle plus tard, ces religieux ayant fusionné avec la fondation Craenendonck, l'édifice commun fut reconstruit en style moderne dans la rue qui porte encore ce nom. Cette propriété, vendue comme bien confisqué, a été convertie en habitation particulière.

3o. LE COLLÈGE DES PRÉMONTRÉS.

Ce collège, situé à l'angle des rues de Bériot et de Namur, fut projeté, en 1571, par les abbés de Parc, de Grimbergen, d'Averbode et de Ninove, auxquels se joignirent, l'année suivante, les chefs des monastères de St-Michel à Anvers et de Tongerloo. Il fut établi, en 1572, dans le refuge de Grimbergen, par les soins de Charles Vander Linden, abbé de Parc. En 1755, le collège fut reconstruit d'une manière splendide. Il forme un carré long présentant une magnifique façade entièrement construite en pierres de taille, à deux étages de fenêtres rectangulaires et séparée de la rue par une avant-cour fermée d'un mur. Un perron à deux rampes conduit à la porte principale, placée à la hauteur du premier étage.

Ce collège, après avoir servi d'hôpital, renferme, depuis 1818, le cabinet de physique de l'université.

31. LE COLLÈGE DE DIVAEUS.

Le collège de Divaeus ou Van Dieve doit son existence à Grégoire Van Dieve, décédé à Namur, le 3 février 1576. Il laissa par testament sa maison, sise à côté de celle du docteur Molanus, à charge d'y ériger un collège pour onze étudiants en théologie. Il en confia la direction au curé de Saint-Pierre, Embert Everaerts, et au régent du collège du Saint-Esprit, le Dr Henri Gravius, qui s'acquittèrent de leur mission en qualité de premiers proviseurs.

Le collège Van Dieve, situé montagne St-Antoine, a été reconstruit au siècle dernier. Il présente deux corps de bâtiments d'une élévation assez notable. Depuis 1840, les locaux de ce collège, dont le fondateur était le neveu de l'historien Pierre Divaeus, sont occupés par le couvent des Sacrés-Cœurs, dite congrégation de Picpus ou des missions étrangères.

32. LE COLLÈGE DE PELTZ.

Ce collège, qui occupait un vaste emplacement rue des Dominicains, fut érigé par Jean Peltz, de Recklinghausen, en Westphalie, secrétaire de l'université, mort le 28 avril 1584. Par testament, en date du 8 octobre 1582, il légua sa maison avec tous ses biens pour en faire consacrer le produit ou les revenus à l'institution d'un collège pour dix étudiants en théologie ou en droit. Reconstruit en 1742, les terrains ont été appropriés, après la tourmente révolutionnaire, à la construction d'habitations particulières.

33. LE COLLÈGE OU SÉMINAIRE ÉPISCOPAL DE LIÈGE.

Ce collège, situé rue de la Monnaie, en face de la rue du Mayeur, fut fondé en 1606, par

Ernest de Bavière, électeur de Cologne, prince-évêque de Liège. Il était destiné aux étudiants en théologie de son diocèse. On y incorpora, en 1615, le collège de l'ordre des Croisiers, fondé par Philippe de Hont, de West-Zouburg, dans l'île de Walcheren, mort le 12 mars 1493. Par suite de cette circonstance, deux religieux de l'ordre des Croisiers de Namur et de Huy avaient droit à se faire admettre au séminaire de Liège.

Diverses parties de ce collège, qui appartient à la fin du XVIIe siècle, existent encore. Elles sont converties en habitations particulières.

34. LE COLLÈGE DE BAY.

Ce collège qui se trouve en face de l'ancienne pédagogie du Faucon, rue de Tirlemont, a été fondé, en 1614, par Jacques de Bay, d'Ath, professeur de théologie et doyen de l'église Saint-Pierre. A sa mort, il légua à l'institution tous ses biens en y joignant ceux que lui avait délaissés son oncle paternel Michel de Bay, célèbre docteur en théologie, décédé en 1589.

Ce collège fut entièrement reconstruit en 1750 tel que nous le voyons aujourd'hui, à l'exception du corps de bâtiment qui longeait la rue de Tirlemont, démoli au commencement de ce siècle. Il sert actuellement de caserne d'infanterie.

35. LE COLLÈGE DE LUXEMBOURG.

Ce beau collège, qui fut un des plus remarquables de l'ancienne université, fut entièrement reconstruit, en 1755, sous la présidence de Henri Ferdinand de Litisky, licencié en droit et chanoine de l'église Saint-Jacques. Il fut fondé par Jean de Myle ou Milius, docteur en droit, originaire du Luxembourg, qui mourut à Madrid en 1596. Il l'institua en faveur de jeunes gens peu fortunés, nés dans le Luxembourg, à Trèves ou à Louvain; cette dernière ville obtint la préférence pour ses concitoyens. Les difficultés qui surgirent entre les exécuteurs testamentaires retardèrent d'abord l'ouverture de l'établissement qui ne put avoir lieu qu'en 1619. On y étudiait la philosophie, la théologie et le droit civil et canonique. Grâce aux libéralités de Jean Jacques Függer, comte du Saint-Empire, les revenus de la fondation furent notablement augmentés. Comme tant d'autres collèges supprimés, il fut approprié à diverses destinations. En 1852, l'Etat installa dans une partie de ses vastes locaux une école moyenne pour garçons ; l'autre partie fut affectée plus tard, à une école primaire pour filles.

36. LE COLLÈGE DE L'ORDRE TEUTONIQUE.

Situé rue de Bruxelles à l'angle de la rue du Moulin à drèche, ce collège fut fondé, en 1621, par Edmond Thuyn, d'Amtenraed, commandeur provincial de l'ordre teutonique. A leur entrée, les élèves s'appliquaient à l'étude de la philosophie et des sciences ; plus tard, ils suivaient les cours de théologie. Après son ordination, l'étudiant rentrait dans son couvent pour faire un noviciat d'une année et recevait ensuite la croix de l'ordre teutonique.

Cet immeuble est aujourd'hui occupé par une école gardienne.

37. LE COLLÈGE D'IRLANDE.

Le collège d'Irlande, qui s'élevait à gauche de l'hospice des orphelins dans la rue de ce nom, fut fondé en 1623. Sur les instances d'Eugène Mathieu, archevêque de Dublin, alors de passage à Rome, les cardinaux du *collegio di Propaganda Fide*, qui venait d'être créé par le Pape Grégoire XV, érigèrent à Louvain un séminaire pour étudiants en théologie irlandais se destinant aux missions de leur pays.

Entretenu d'abord aux frais de la congrégation romaine, le collège s'ouvrit dans un ancien couvent de Carmélites ; plus tard il fut richement doté par la libéralité des fidèles. Il a été converti, en 1835, en habitation particulière.

38. LE COLLÈGE DE MALDERUS.

Ainsi désigné du nom de son fondateur, Jean Van Malder ou Johannes Malderus, promu au doctorat en théologie, le 11 août 1594, et devenu évêque d'Anvers en 1611, dignité qu'il conserva pendant vingt-et-un ans. Par testament du 26 juillet 1633, il laissa tous ses biens pour l'érection, dans la cité académique, d'un collège en faveur d'étudiants en théologie. Cette institution occupait, rue de Saint-Martin, à côté du couvent de ce nom, un hôtel ayant appartenu à Charles Van den Tymple, mayeur de Louvain. Le fondateur lui avait attribué un revenu de 3000 florins, lequel, au moment de la suppression de l'université, avait atteint le chiffre de 4300 florins. Le collège de Malderus est aujourd'hui occupé par une tannerie.

39. LE COLLÈGE DIT LE PATRIMOINE DU CHRIST.

Il s'élevait rue de Tirlemont en face de la rue de Bériot. Il fut fondé le 13 décembre 1633, par François Van den Hove, de Londerzeel, curé de Sainte-Walburge, à Anvers. Ce prêtre pieux ordonna par testament de convertir la maison qu'il possédait à Louvain en un collège destiné à recevoir des étudiants en théologie, et légua à cette fin tous les biens qu'il possédait. Au-dessus de la porte il avait fait placer l'inscription suivante : *Patrimonium Christi*. Cet établissement n'existe plus.

40. LE COLLÈGE DE SAINT-MICHEL.

Il avait été fondé pour l'entretien de quatre étudiants en théologie par Laurent Zoenen ou Zoenius, de Brée, président du collège de Divaeus et chanoine de Saint-Pierre, mort le 20 avril 1651. Il s'élevait rue de Paris, près de la place Saint-Antoine. Par testament, en date du 15 janvier 1650, ce vénérable ecclésiastique avait délaissé la majeure partie de ses biens pour l'érection de son collège, qu'il avait placé sous l'invocation de l'archange saint Michel.

41. LE COLLÈGE DE VILLERS

Fut institué, rue du Canal, en 1660, par Bernard Van der Heck, abbé de Villers-la-Ville, pour servir de demeure aux religieux du célèbre monastère de ce nom qui suivaient les cours de l'université de Louvain. Entièrement reconstruit en 1760, il forme un édifice remarquable en style moderne. Le collège de Villers présente un grand quadrilatère très élevé et entourant une cour de même forme. La façade est ornée au-dessus d'un haut soubassement d'un rang de pilastres ioniques modernes, qui embrassent deux étages de fenêtres rectangulaires. Ce monument qui offre un aspect tout-à-fait-imposant a été occupé, ces dernières années, par un couvent de redemptoristines.

L'université catholique vient d'en faire l'acquisition pour y établir divers laboratoires.

42. LE COLLÈGE DES VÉTÉRANS.

L'impératrice Marie-Thérèse fonda ce collège, en 1778, pour l'affecter comme lieu de retraite aux anciens étudiants en théologie non pourvus de cure, bénéfice ou chapellenie; de là l'appellation de collège des Vétérans donnée à cette maison. Elle occupe, dans la rue Saint-Michel, une grande partie des terrains de l'ancien collège des Jésuites dont Marie-Thérèse avait décrété la suppression. Sous l'empire, le collège des Vétérans servit d'habitation au général commandant des invalides.

Depuis 1837, il forme la pédagogie pour les étudiants de la Faculté des Sciences et de Médecine de l'université catholique.

43. LE COLLÈGE DES DOMINICAINS ANGLAIS.

Le cardinal Philippe Howard fut le fondateur de ce collège, qu'il destinait aux études philosophiques et théologiques des religieux de l'ordre de S. Dominique de la province d'Angleterre. A sa mort, en 1679, il laissa par testament les capitaux nécessaires pour l'entretien de l'établissement qui fut érigé en face de la partie latérale des Halles universitaires. Il eut pour premier recteur, le P. Dominique Williams qui devint dans la suite provincial de l'ordre.

Ce collège, qui était en même temps considéré comme couvent, consistait en une construction très modeste. Il comprenait en outre une chapelle où l'on célébrait le service divin pour le public.

Quelques jours avant la seconde entrée des Français, en 1794, les religieux abandonnèrent subitement leur maison pour regagner l'Angleterre. Ils y avaient laissé un frère convers, belge de naissance, qui fut expulsé par les agents de la république. Cette propriété subit dans la suite le sort qui avait été réservéà tous les collèges de l'*Alma Mater*.

Nous terminons ici l'esquisse historique de l'ancienne *Alma Mater* et de ses nombreux collèges. Le récit qu'on vient de lire témoigne de l'immense désastre qui atteignit, il y aura bientôt cent ans, la grande École dans laquelle s'étaient incarnés, durant trois siècles, la vie et le mouvement intellectuels de la nation. Après avoir rempli avec éclat cette longue existence de gloire et de triomphe, l'université de Louvain, qui avait résisté aux périls de guerres nombreuses et de l'occupation tant de fois renouvelée du sol belge par l'étranger, fut brisée tout à coup par l'esprit révolutionnaire qui ébranlait alors la société française. La Belgique, en effet, venait de tomber sous le joug d'un gouvernement hostile à ses mœurs et à ses institutions ; par droit de conquête, la France avait imposé sa loi au pays. L'*Alma Mater* eut à subir toutes les rigueurs du nouveau régime : ses nombreuses fondations, ses revenus opulents créés par les libéralités de nos pères, tout devint la proie de l'envahisseur. Ce fut au nom d'un droit, inconnu jusqu'alors, que le gouvernement républicain frappa de confiscation nos beaux monuments et s'empara des œuvres d'art qui remplissaient nos couvents et nos églises, pour vendre et exploiter les uns au profit d'entreprises qui nous étaient étrangères, et placer les autres dans ses musées et ses édifices publics (1).

(1) Nous publions en appendice (nº 2) l'extrait d'un Mémoire adressé au Comité du Salut Public sur un projet de réunion de la Belgique à la France. Dû à la plume d'un écrivain libéral, Philippe Raoux, d'Ath, ex-conseiller du conseil souverain du Hainaut, mort en 1839, aucun document de l'époque, que nous sachions, n'a traduit dans un langage plus calme et plus mesuré l'impression cruelle que la domination française avait laissée dans l'esprit des Belges. C'est une pièce historique de la plus haute importance ; nous la reproduisons à ce titre.

CHAPITRE XVIII.

TABLEAU DE LA BELGIQUE AU XVe SIÈCLE. — COMMERCE ET INDUSTRIE. — ÉTAT MORAL. — BEAUX-ARTS. — ARCHITECTURE : PRINCIPAUX MONUMENTS ECCLÉSIASTIQUES ET CIVILS.

La maison de Bourgogne avait réuni sous son sceptre toutes les provinces des Pays-Bas à l'exception de l'évêché de Liège. Ce premier pas vers l'unité politique n'eut point tous les résultats qu'on aurait pu en espérer. On ne parvint pas à l'établissement d'un gouvernement commun et d'une législation uniforme. Chacun de nos petits états voulut conserver son indépendance propre, sans faire le moindre sacrifice à l'intérêt général. Ainsi les Brabançons, en se soumettant à Philippe le Bon, avaient exigé qu'il ne confiât jamais aucune place à ceux qui seraient nés hors du Brabant, et ils avaient interdit au prince, par un article spécial, d'accorder des avantages aux marchands de Flandre. Les Flamands, de leur côté, s'étaient indignés de l'institution d'un parlement à Malines. Il en fut de même en Hainaut, où la cour de Mons voulait rester souveraine.

Le moment d'une grande transformation sociale était arrivé. La puissance féodale croulait de toutes parts ; à la fédération des puissants possesseurs des fiefs et des riches communes succédaient des empires fondés sur le principe de l'unité gouvernementale. Sans être partisan de la centralisation exagérée de notre époque, il faut pourtant reconnaître le bienfait de l'union des forces dans un but commun. Si le pouvoir avait trouvé alors dans les populations une aide assurée, on eût vu peut-être l'antique Belgique se remontrer au monde unie à la Bourgogne et à l'île des Bataves, et le Rhin, depuis sa source dans les Alpes jusqu'à la mer, borner un nouveau et magnifique royaume. Et ce royaume, placé entre la France et l'Allemagne, aurait constitué un immense bienfait pour l'équilibre européen. C'eût été une digue naturelle, une barrière solide à laquelle on n'a pu suppléer jusqu'ici que par des combinaisons factices ; nos communes ne le comprirent point et ne le voulurent point. Les grandes cités, parvenues à l'apogée de leurs agrandissements progressifs, cherchaient à s'ériger en gouvernements indépendants, et à étendre leur domination ou plutôt leur tyrannie sur les villes du second ordre. Pour elles, la liberté illimitée, pour les autres, le servage. Les métiers eux-mêmes, après avoir lutté avec constance pour assurer à la bourgeoisie les privilèges dont les nobles et les patriciens prétendaient conserver le monopole, finirent par vouloir dominer à leur tour. Les ambitieux y trouvèrent leur compte. Les registres des métiers se couvrirent de noms étrangers; les nobles ne dédaignèrent pas de s'y faire inscrire, mais c'était pour arriver, par les places de doyens, à la tête des affaires publiques.

A l'exception de l'évêché de Liège, que la guerre avait presque entièrement ruiné, et du duché de Luxembourg, dont la possession était restée longtemps incertaine, la Belgique s'était enrichie sous le règne des princes Bourguignons. Son commerce et son industrie furent en général aussi florissants que jamais. On ne lira pas sans intérêt quelques détails plus circonstanciés sur ces deux sources de la richesse publique. — Philippe le Hardi obtint, pour les draps de Bruxelles, de Malines et de Lierre, la libre entrée au marché de Provins. La petite ville de Lierre comptait alors dans ses murs plus de trois cents métiers à tisser. Elle eut une halle dès 1402, et ses relations ne firent que s'étendre durant les premières années du XVe siècle. Elle exportait particulièrement ses produits en Allemagne, et elle conserva longtemps à Francfort un comptoir connu sous le nom de *Liersche-Halle*. — Louvain, à cette époque, ne subsistait plus que de ses tanneries alors fort estimées. Cette ville comptait trente-cinq maîtres tanneurs en 1403. On y tenait annuellement une grande foire aux pelleteries; cette foire est parfois mentionnée dans les comptes des domaines des ducs de Bourgogne, et elle paraît avoir été fort importante. La ville de Malines était en possession d'un négoce considérable avec la France et avec l'Espagne. Une ordonnance du roi de Castille, en 1442, taxe le velours superfin de cette ville à 4000 maravédis la pièce. — Dès la première moitié du XVme siècle, Bruges commença à sentir les effets désastreux de la rivalité commerciale d'Anvers. Déjà les Vénitiens avaient dirigé vers cette dernière ville quelques chargements d'épices, mais les Génois restaient fidèles à leurs anciennes habitudes, et se rendaient toujours en Flandre. Ils firent construire à Bruges, en 1441, une nouvelle halle aux soieries, *Saei-Halle.*

Les Flamands possédaient une véritable supériorité dans la fabrication des tapisseries de haute-lisse. Les plus beaux tapis se fabriquaient à Arras, à Audenarde, à Bruges et à Tournai. Il existait un chantier de construction navale fort considérable dans le pays de Waes, à deux lieues d'Anvers.

Un essai remarquable de colonisation fut tenté par nos compatriotes vers le milieu de ce siècle. Quelques Brugeois, se rendant en Portugal pour les affaires de leur commerce, furent forcés par la tempête de s'éloigner des côtes d'Europe et abordèrent à Terceire, l'une des îles inconnues alors de l'archipel des Açores. Jacques de Bruges (il n'est connu que sous ce nom) voulut profiter de la découverte, et obtint du prince dom Henri des lettres patentes du 2 mars 1450, qui lui accordaient cette île en possession héréditaire. Il s'y transporta avec une suite nombreuse, et la jeune colonie y prospéra rapidement. Par malheur, Jacques de Bruges, étant reparti pour la Flandre afin d'en ramener de nouveaux colons, fut, selon toute apparence, assassiné pendant la traversée, et l'on n'entendit plus parler de lui. Le gouvernement portugais disposa, au commencement de l'année 1464, de la colonie en faveur de Joam Vaz de Costa Cortereal et d'Alvaro Martins Homem. Malgré ce fâcheux contretemps, les Flamands ne renoncèrent pas à leur essai de colonisation. L'un des compagnons de Jacques de Bruges, Guillaume Van der Haegen, reprit l'œuvre interrompue, et commença des défrichements dans une autre île du même groupe, celle de St-Georges. Deux navires, nolisés en Flandre par ses soins, arrivèrent à la Pointe du Topo, et y débarquèrent un assez grand nombre d'émigrants, parmi lesquels on comptait des ouvriers de diverses professions. Comme le nom flamand de Van der Haegen paraissait un peu dur aux oreilles portugaises, il fut transformé en celui de da Silva, qui en était à peu près l'équivalent.

En 1466, le roi de Portugal, ayant besoin de troupes et particulièrement de bons officiers, s'adressa dans cette vue au duc Philippe, et lui céda la possession des Açores au profit de sa tante, la duchesse de Bourgogne. La duchesse fit équiper aussitôt plusieurs navires, y réunit des gens de tous métiers, leur fit donner des meubles, des ustensiles et des vivres pour deux ans, et les envoya à leur destination. Plus de deux mille personnes quittèrent ainsi les Pays-Bas et se rendirent aux Açores. La duchesse céda ensuite, en toute propriété, l'île de Fayal à Josse van Huerter, seigneur de Moerkerke. Celui-ci quitta la Flandre pour présider à l'organisation de la colonie belge, accompagné de Martin Behaim, son beau-fils, dont le nom occupe une place distinguée dans les annales de l'astronomie et de la géographie. L'île de Fayal, alors couverte des touffes verdoyantes de la *myrica faya*, offrait à nos émigrants de grands avantages. Son sol volcanique, d'une fertilité remarquable, se prête à la fois à la culture des céréales d'Europe et à celle d'une foule de végétaux précieux, qu'on n'obtient que dans les zônes plus rapprochées de l'équateur. On n'y connaît point l'hiver ; l'atmosphère y est pure, la température délicieuse. Une baie semi-circulaire, située à la partie orientale de l'île, permet aux vaisseaux d'y relâcher en toute sécurité pendant une partie de l'année. Ce fut le long de cette baie, au pied d'un vaste amphithéâtre de montagnes, que les Flamands élevèrent leurs premières habitations. Le pays environnant reçut le nom de *Nouvelle Flandre,* et la jeune cité celui de *Huerta,* aujourd'hui *Hosta,* en l'honneur du chef de l'expédition. Nos compatriotes, en débarquant dans ces contrées lointaines, y apportaient les habitudes d'ordre et d'économie qu'ils avaient héritées de leurs pères, et qui, jointes au courage et à la persévérance, assurent le succès. Ils se mirent aussitôt au travail, et, attaquant à grands coups de cognée les forêts de hêtres dont ils étaient entourés, les remplacèrent peu à peu par des champs de cannes à sucre dont les premiers plants avaient été importés de Chypre et de Candie. Josse Van Huertér, de plus en plus confiant dans l'avenir, tourna alors ses vues vers l'île du Pic, où s'était établi un marin portugais nommé Fernand Alvarez; il en sollicita la concession, et l'obtint sans difficulté. Guillaume Van der Haegen, qui s'était fixé dans l'île de Saint-Georges, n'avait point les mêmes ressources que le sire de Moerkerke. Pendant qu'il était en quête de secours, une noble portugaise, Marie de Nilhena, concessionnaire des îles de Florès et de Corvo, lui proposa d'aller les défricher. Il accepta, passa sept années dans ces deux îles, et revint mourir à Saint-Georges, sa terre de prédilection. L'avenir ne répondit pourtant pas à ces belles espérances. La maison de Bourgogne, en se désistant des droits qu'elle avait acquis sur les Açores pour les conférer à des particuliers, exposait la colonie à tous les dangers des vicissitudes politiques, et les isolait de la mère patrie. Les Portugais revinrent aux Açores, que les descendants du sire de Moerkerke furent forcés de leur abandonner. Toutefois nos compatriotes, en passant sous une autre domination, ne perdirent point les qualités auxquelles ils devaient leurs premiers succès. De nos jours encore, l'industrie agricole aux Açores n'est nulle part plus florissante qu'au Fayal, parmi les héritiers des anciens colons flamands, dont les habitudes présentent un contraste frappant avec celles des autres habitants de l'archipel. Ils conservent le costume ainsi que des restes de langage de leurs ancêtres; ils suivent toujours les procédés de culture qui leur ont été légués, et la belle vallée des Flamands, qui avoisine le chef-lieu de l'île, en est encore la partie la plus riche et la plus prospère.

Quelques différends commerciaux surgirent, vers la fin de l'année 1464, entre les Pays-Bas et l'Angleterre. Nos villes manufacturières, longtemps sans rivales dans l'art de tisser et de teindre les étoffes de laine, commençaient à souffrir de la concurrence de l'industrie britannique, au développement de laquelle elles avaient si puissamment contribué ; tout en continuant à maintenir leur supériorité dans la fabrication des draps fins, les producteurs belges ne parvenaient plus à livrer au même prix les étoffes ordinaires. Le duc de Bourgogne se crut obligé d'intervenir, et prohiba l'importation des draps britanniques dans ses états. Quelle que fût la source du mal, soit rareté des matières premières, soit imperfection relative des procédés de fabrication, c'était là qu'il eût fallu appliquer le remède. La mesure prohibitive prise par le duc excita des représailles de l'autre côté du détroit, et tout négoce fût suspendu jusqu'en 1466 entre les deux pays.

Une ville nouvelle dut, à cette époque, sa fondation à un gentilhomme d'une noble et ancienne famille du Vurnambacht, Jean Bladelin. Il avait acquis, avec sa femme Marguerite van de Vaguevière, une ferme dans le village de Heyle, entre Ardembourg et Moerkerke, laquelle avait appartenu primitivement à l'abbaye de Middelbourg. Il bâtit sur cette terre plusieurs habitations, et y éleva une jolie église en l'honneur de saint Pierre et saint Paul. Il obtint ensuite le privilège d'une foire franche de six jours pour la nouvelle bourgade de Middelbourg. Lors de la destruction de Dinant, Jean Bladelin y ouvrit un asile aux vaincus. Beaucoup d'entre eux répondirent à son appel, et l'une des rues de Middelbourg prit le nom de *Dinant-straet*, rue de Dinant.

Pendant les dernières années du XVe siècle, beaucoup de chefs d'ateliers, se voyant sans travail, quittèrent la Belgique pour chercher un meilleur sort à l'étranger. Parmi eux se trouvait un fabricant de tapisseries de haute-lisse, dont le nom était destiné à devenir célèbre : c'était Jean van Gobeelen, natif de

Bruges, le fondateur de la fameuse manufacture des Gobelins.

L'extrême richesse qui régnait en Belgique, sous Philippe le Bon particulièrement, y avait répandu le goût dangereux du luxe et altéré les habitudes modestes du peuple. Le faste des ducs de Bourgogne, ces grands ducs d'Occident, dont la cour éclipsait celle des rois et des empereurs, avait inspiré le mépris de l'ancienne simplicité. La recherche était portée à l'excès dans les vêtements, dans la vaisselle, dans les bijoux précieux, et ce qu'avait mis en réserve la sage économie des générations précédentes était souvent prodigué pour satisfaire une vaine ostentation. Les mœurs ne se ressentirent que trop de ces changements, surtout dans les rangs les plus élevés.

Ce culte excessif de l'éclat et de la magnificence, ce développement merveilleux de la richesse nationale et de l'aisance dans toutes les classes de la société, furent accompagnés d'un progrès général dans les beaux-arts, mais, dans ce domaine privilégié du beau, la profusion des ornements, la richesse et l'exubérance des détails nuisit souvent à la grandeur de l'ensemble et à cette simple et noble harmonie des proportions, qui est le caractère de la perfection et le cachet des grands siècles littéraires et artistiques. Ici aussi on nous permettra d'entrer dans quelques détails.

Commençons par le premier des arts, celui qui, dans sa vaste compréhension, les embrasse tous, et auquel ils sont tous subordonnés, l'architecture. Au XVe siècle, règne, dans toute sa splendeur, le style ogival tertiaire ou flamboyant. L'art ogival est arrivé au plus haut degré d'éclat et de richesse, mais il a perdu quelque chose de son caractère grave et sévère. Primitivement le style ogival se signalait surtout par le mouvement ascensionnel; par sa tendance vers les formes verticales; l'ogive maintenant s'affaisse comme écrasée sous le poids des pinacles et des frontons dont on l'a surchargée. Cependant il faut distinguer deux âges dans ce style ogival tertiaire. Le premier s'étend jusqu'à l'an 1480, selon M. de Caumont; l'autre ne disparaît entièrement que dans les premières années du XVIIe siècle.

Dans la majeure partie du XVe siècle, l'ogive conserve généralement les projections de l'art de l'époque précédente. Seulement la forme prismatique remplace dans toutes les moulures les formes cylindriques, ce qui donne aux ornements un air de maigreur, une sécheresse de trait que n'offrent point ceux du XIIIe et du XIVe siècle ; ensuite les meneaux des fenêtres et des rosaces, les découpures des balustrades nous montrent partout ces dessins contournés et bizarres ressemblant à des flammes, à des cœurs allongés, qui diffèrent des trèfles, des quatre-feuilles et des autres figures rayonnantes, et qui ont valu au style ogival tertiaire son nom de style flamboyant. Un des ornements les plus prodigués dans ce style sont les pinacles. Ils surmontent les balustrades, les contreforts, les niches, et toutes les parties saillantes des édifices. Ils se distinguent, en général, par beaucoup de grâce et de délicatesse ; les crochets dont ils sont ornés se transforment peu à peu en larges feuilles de choux ou de chardons frisés et contournés. C'est au style ogival tertiaire qu'appartiennent la plupart de nos grands édifices religieux et civils du moyen-âge. Nous allons passer en revue les plus remarquables de ces monuments.

L'une des plus belles constructions religieuses de cette époque est l'église de Saint-Sulpice à Diest. Elevée sur l'emplacement de l'ancienne église, elle fut commencée en 1417, et ne fut terminée, telle qu'elle existe aujourd'hui, qu'en 1534. Sulpice Van Vorst, de Diest, dirigea les travaux jusqu'en 1437, et c'est sans doute à ce modeste travailleur qu'on doit le plan du monument. Le chœur appartient encore au style ogival secondaire, surtout par la décoration extérieure, absolument semblable à celle du chœur de l'église de Saint-Jean à Bois-le-Duc. Le côté droit de ce chœur est remarquable par un luxe de sculptures fort rare dans notre pays. Ce sont des figures en demi-relief et des statues aujourd'hui fort mutilées, qui couronnent les tympans des fenêtres et les bahuts des arcs-boutants. Les bas-côtés du chœur et la grande nef sont bordés de chapelles ornées de panneaux et de fenêtres à vitraux peints. Un triforium à quatre-feuilles, à arcades trilobées et à moulures prismatiques, règne le long des nefs, des transepts et du chœur. La tour carrée, d'un diamètre très considérable, et construite en grès, non en pierres ferrugineuses, comme le reste de l'église, ne s'élève qu'à la hauteur des combles. A la base se trouve l'entrée principale de l'église, beau porche à voussures en retraite.

Le chœur de la magnifique église de Notre-Dame à Anvers, commencé en 1352, paraît n'avoir été achevé qu'en 1411. Les autres parties de l'édifice ne furent élevées que dans le courant du XVe siècle; quelques-unes même ne se terminèrent que dans la première moitié du XVIe; telles sont la tour, la coupole et la chapelle de la Sainte-Vierge. Cette église partagée en sept nefs, a cent dix-sept mètres de longueur. Les six rangs de colonnes, au nombre de trente-six, qui forment les divisions des nefs, offrent une perspective admirable, de quelque point de l'église qu'on les contemple; c'est bien là une forêt de colonnes. La superbe tour de gauche, haute de cent vingt-deux mètres, passe à juste titre pour une des plus remarquables constructions de ce genre qui existent dans l'Europe entière. Elle serait bien plus belle encore si, pour la partie supérieure, qui est seule à jour, l'on ne s'était écarté du plan primitif, et si l'on n'avait remplacé l'étage qui manque par un couronnement d'un style flamboyant très tourmenté. Cette tour, commencée en 1422 ou 1423, ne fut achevée qu'en 1518. On a cru longtemps que le plan était de l'architecte bolonais Jean Amelius, dont le nom a été transformé en celui d'Appelmans; d'après des découvertes récentes, le premier architecte connu du monument s'appelait Pierre Appellmann.

L'église de Saint-Gommaire à Lierre mérite une place entre les édifices religieux les plus distingués de la Belgique. Les nefs en ont été bâties entre les années 1435 et 1443, les transepts de 1460 à 1475, le chœur de 1475 à 1515. Devant le chœur s'élève un très beau jubé à trois arcades, richement sculpté en style flamboyant du XVIe siècle et portant la devise de Charles-Quint. L'extérieur de l'église de Saint-

Gommaire produit le plus bel effet par la régularité de son plan, les grands arcs-boutants qui flanquent la nef et le chœur, les doubles balustrades qui en décorent les combles, et la haute tour qui précède l'édifice. Les murs droits qui terminent les transepts présentent une décoration flamboyante d'une rare élégance.

L'église de Saint-Rombaut à Malines appartient en partie au style ogival secondaire ou rayonnant, et au style tertiaire ou flamboyant. Les trois nefs, les transepts et les murs latéraux du chœur sont de la première de ces deux époques; l'intérieur et le chevet du chœur, les chapelles du collatéral gauche de la grande nef et la tour, de la seconde. Cependant, il y a tant d'unité dans le plan général que l'œil n'est point blessé de cette différence de style. Les fenêtres du collatéral gauche de la nef et celles du chevet du chœur seules sont du style flamboyant; toutes les autres appartiennent au style rayonnant le plus pur et le plus élégant. Celles du chœur surtout sont de la plus grande richesse et de vrais modèles en ce genre.

L'église de Saint-Rombaut offre extérieurement à l'œil un ensemble des plus imposants et des plus pittoresques. Les grandes et belles masses de sa tour colossale se développent dans toute leur majesté, au centre de l'ancien cimetière planté de grands arbres ; des arcs-boutants du meilleur style se projettent autour de l'édifice, avec une légèreté des plus gracieuses; les combles sont bordés d'une élégante balustrade avec des quatres-feuilles encadrés à la nef centrale et de petites arcades ogivales au chœur. Mais rien d'aussi beau que les fenêtres rayonnantes de l'édifice. L'entrée principale est formée par un très beau porche en ogive, placé au pied de la tour, et dont les voussures prismatiques et en retraite étaient destinées à recevoir de nombreuses statuettes. Ce porche et la magnifique tour qui le surmonte furent commencés en 1452, mais la tour n'atteignit sa hauteur actuelle de quatre-vingt-dix-sept mètres qu'au commencement du XVIe siècle. Sa masse n'a pour appui que les murs latéraux, car le centre, évidé jusqu'à une assez grande hauteur, forme vestibule comme à St-Gommaire de Lierre. La plate-forme qui la couronne aujourd'hui devait porter, d'après le plan primitif, une flèche en pierre, découpée à jour, qui aurait donné à la tour une hauteur de près de six cents pieds de Malines.

Peu d'églises en Belgique présentent un ensemble aussi pur et aussi harmonieux que celle de Saint-Pierre, à Louvain, on dirait qu'elle a été bâtie d'un seul jet. Les plans en sont dus à Sulpice Van Vorst, qui avait fait ses preuves à Saint-Sulpice de Diest. Les triples nefs et le chœur avec ses collatéraux offrent les mêmes formes architectoniques que Notre-Dame d'Anvers, des colonnes en faisceau à moulures prismatiques, un triforium découpé en quatre-feuilles et en arcades trilobées, des fenêtres à meneaux flamboyants et partout des voûtes à nervures croisées. Si les nombreuses colonnades de l'église Notre-Dame produisent un effet plus brillant et plus pittoresque, en revanche l'église de Saint-Pierre déploie un caractère plus sévère et plus religieux ; ses colonnes et la voûte de la nef centrale ont plus d'élévation, les arcades sont d'un dessin plus pur et les bas-côtés plus larges et mieux proportionnés. De magnifiques verrières historiées décoraient l'édifice ; Philippe le Bon en avait fait exécuter cinq à ses frais, et le duc Charles, son fils, s'était chargé de celle qui ornait la grande fenêtre du transept du côté de la place Marguerite. Le chœur, entouré d'un mur qui a été abaissé dans ces derniers temps, est précédé d'un magnifique jubé, formé par trois arcades retombant sur des colonnes cylindriques très exiguës. Au-dessus des arcades se développent des niches richement travaillées et surmontées de dais élégants. Les niches renferment une profusion de statuettes de saints. On admire, au chœur, le plus beau tabernacle isolé de la Belgique. Ce chef-d'œuvre fut exécuté en 1450 sur les dessins de Mathieu de Layens, l'illustre architecte dont nous parlerons bientôt. C'est une tourelle de forme pyramidale ayant douze à treize mètres de hauteur. Il est entièrement découpé à jour, et rappelle, dans des proportions exiguës, les tours de Notre-Dame d'Anvers et de l'hôtel de ville de Bruxelles. On ne se figure rien de plus svelte, de plus délicat, de plus artistement disposé. Les portes en cuivre sont très remarquables. Les stalles du chœur, détruites en 1803, offraient des détails de sculpture du plus grand fini. Ici des niches garnies de statues, là des bas-reliefs représentant des traits de la vie du Sauveur, plus loin des ornements travaillés avec une délicatesse étonnante. C'était l'œuvre de deux sculpteurs bruxellois : Gérard Goris et Nicolas de Bruin qui en avaient été chargés en 1438. Avant l'année 1458, le grand portail de l'église était flanqué de deux tours, dont l'une servait de beffroi à la ville, et qui furent consumées alors par un incendie d'une telle violence que les cloches furent fondues. En 1459, on jeta les fondements d'une tour nouvelle, dont les travaux furent abandonnés et démolis plus tard. En 1507, le projet fut formé de la remplacer par trois tours à flèches en pierres découpées à jour. Le plan de ce monument qui eût été sans contredit le plus colossal de ce genre, fut dressé par Josse Metsys, de la famille du grand peintre de ce nom. La flèche centrale devait atteindre la hauteur de cinq cent trente-cinq pieds (ancienne mesure de Louvain), et chaque tour latérale celle de quatre cent trente pieds. Pour cette construction gigantesque, et il faut bien le dire, irréalisable, Metsys avait rêvé une ornementation d'une richesse inouïe et avait mis à contribution toutes les formes, tous les caprices et toutes les ressources du style flamboyant. La bâtisse ne fut poussée que jusqu'à la hauteur de trois cent vingt-huit pieds. On substitua, en 1541, aux trois flèches projetées, une flèche en bois couverte d'ardoises qu'un ouragan renversa en 1604. Dans ce qui reste de la mise à exécution du plan de Josse Metsys, on admire encore la superbe fenêtre ogivale, à profondes voussures concentriques, au-dessus de la porte de l'église, et les belles fenêtres avec leurs archivoltes largement festonnées à la partie subsistante des tours.

Il existe à Louvain une autre tour des plus remarquables, celle de l'église de Sainte-Gertrude, terminée en 1455. Cette tour très élevée est couronnée d'une superbe flèche pyramidale en pierre de taille; elle est entièrement à jour et se compose de meneaux prismatiques, qui s'étendent en lignes verticales du sommet à la base. Cette base est cantonnée de quatre clochetons octogones, à aiguilles massives et hérissées de crochets, comme la flèche elle-même.

Sainte-Waudru à Mons est un des monuments capitaux de la Belgique. Déjà en pleine construction vers le milieu du XVe siècle, cette belle église ne fut consacrée qu'en 1582. L'intérieur reproduit exactement celui de St-Pierre, à Louvain ; l'étendue est à peu près la même. Mais le vaisseau de l'église montoise est plus imposant et plus religieux que celui du temple louvaniste, parce que le beau calcaire bleu dont les murs sont revêtus, et les compartiments des voûtes en briques parfaitement appareillées, ont conservé leur couleur primitive. Ces teintes rembrunies, cette douce lumière pénétrant à travers les magnifiques vitraux qui décorent le rond-point de l'église, impriment à tout l'édifice un caractère de majesté recueillie et mystérieuse, qui s'harmonise admirablement avec sa destination. L'extérieur, bâti en grès jusqu'à la hauteur des bas côtés et le reste en pierres calcaires, est d'un style simple, mais d'un bel effet par l'unité et la régularité du plan, dont l'isolement de l'église permet de saisir l'ensemble. Les chapelles polygonales qui rayonnent autour du chœur présentent surtout un très beau coup-d'œil. Cet extérieur reproduit aussi assez fidèlement celui de Saint-Pierre, de Louvain, dans ses hauts combles sans balustrades, ses chapelles à pignons et ses transepts peu ornés ; seulement les arcs-boutants sont surmontés de pinacles qui manquent à l'église de Louvain.

La Belgique est redevable à ses communes de cette brillante série d'édifices remarquables d'une destination purement civile, qui forment encore aujourd'hui l'un des plus beaux ornements de nos cités et que nous envie l'Europe artistique. Beffrois, halles, hôtels de ville, bâtiments servant de lieux de réunion aux Gildes ou Serments et aux corps de métiers, ont surgi en abondance sur notre sol, et témoignent à tous les yeux de la grandeur d'une institution dont l'influence ne fut pas moins puissante sur l'art que sur l'industrie, le commerce et l'état social en général. Nous ne citerons ici que les hôtels de ville de Bruxelles et de Louvain, bâtis tous deux au XVme siècle et qui font époque dans l'histoire de l'architecture du moyen-âge.

La construction de l'hôtel de ville de Bruxelles fut commencée en 1401 ou 1402. On éleva d'abord l'aile gauche ou orientale, puis la tour, qui fut terminée en 1445 et surmontée de la statue colossale en cuivre de l'archange saint Michel. Ce fut le comte de Charolais qui posa la première pierre de l'aile droite en 1444. Cet édifice présente un trapèze isolé d'environ quatre-vingts mètres de longueur sur quarante de largeur. La façade, formée par un des carrés longs, se compose d'un portique de dix-sept arcades ogivales portant une plate-forme garnie d'un parapet, et de deux étages de fenêtres rectangulaires partagées en croix. Les chambranles et les linteaux de ces fenêtres sont cannelés et du plus beau profil. A la base du toit, qui est fort élevé et percé de quatre rangs de lucarnes, règne une balustrade crénelée et découpée en arcades trilobées. Les deux angles de la façade sont flanqués d'une tourelle octogone, entourée de trois balustrades superposées. Un arc en ogive évasée, cantonné de deux pinacles, encadre la porte. La longue voûte de cette porte, qui traverse le bâtiment et débouche dans la cour centrale, est à nervures croisées ; les culs-de-lampe sont ornés de bas-reliefs. Au-dessus de la porte s'élance à une hauteur de près de cent quatorze mètres, une admirable tour en pierres, découpée à jour, monument inimitable, au jugement de M. de Caumont, chef-d'œuvre d'élégance, de hardiesse et de légèreté, la plus belle incontestablement de toutes les tours de la Belgique, sans excepter celle de Notre-Dame d'Anvers. Le nom de l'architecte qui traça le premier plan de ce vaste monument n'est pas connu avec certitude. Les comptes de la ville nous apprennent que Jacques Van Thienen dirigeait les travaux en 1405, et que Jean Van Ruysbroeck fut chargé de l'achèvement de la tour en 1448.

L'hôtel de ville de Louvain est sans contredit le plus bel édifice civil de style ogival tertiaire élevé dans le nord de l'Europe. La première pierre en fut posée le 29 mars 1448, l'extérieur du monument était achevé en 1459 et l'intérieur en 1463. Il avait coûté aux environs de quarante-quatre mille sept cent quatre-vingt-cinq florins. L'architecte, Mathieu de Layens, était un simple ouvrier maniant la truelle au besoin. Il s'intitulait modestement maître-ouvrier des maçonneries de la ville, *meester-werkman van de metselrijen der stad*, et jouissait en cette qualité d'un gage annuel de treize florins d'or. Il était ensuite payé à la journée quand il travaillait au service de la ville, et recevait quatorze plaquettes, *plëken*, en été, et huit, en hiver. Il avait de plus droit, chaque année, à une robe de cérémonie. Ce n'est pas par la grandeur de ses dimensions que se fait admirer l'œuvre de ce maçon illustre, mais par la régularité du plan, l'élégance et l'harmonie de ses proportions, la beauté et la pureté de ses profils, et plus encore par la richesse de son ornementation, la variété, la délicatesse et le fini des sculptures innombrables qui couvrent ses faces extérieures. Ce n'est pas sans raison qu'on a appelé l'hôtel de ville de Louvain un palais de dentelles. La forme est celle d'un quadrilatère de trente-trois à trente-quatre mètres de longueur sur douze à treize mètres de largeur, l'élévation est de vingt-deux à vingt-trois mètres du sol à la balustrade. L'édifice, isolé sur trois de ses faces, se compose d'un rez-de-chaussée et de deux étages. La façade présente, au-dessus d'un grand soubassement, trois rangs de fenêtres ogivales, divisées en croix par des meneaux ; les archivoltes sont bordées de feuilles rampantes terminées par un panache. L'espace horizontal entre ces trois rangs de fenêtres est orné de panneaux. Entre les fenêtres du rang inférieur s'étalent en encorbellement trente-six niches géminées, surmontées de dais sculptés à jour. Les deux rangs supérieurs ne comptent chacun que dix-huit niches plus allongées que les premières. Les bases en culs-de-lampe de toutes ces niches sont couvertes de bas-reliefs, dont les sujets empruntés à la Bible sont traités avec une naïveté excessive. Une haute balustrade crénelée, découpée en échiquier et surmontée de neuf pinacles, sert de couronnement à toute cette façade. Elle borde un toit fort élevé, chargé de trois rangs de lucarnes avec pignons, et dont l'arête est garnie d'une crête trefflée. Aux quatre angles de l'édifice et au milieu des faces latérales surgissent six tourelles octogones, dont les parties supérieures bâties à jour et couronnées de flèches pyramidales en pierre, sont des modèles de grâce et de légèreté. L'intérieur de l'hôtel de ville de Louvain était orné de riches verrières et de peintures dues au pinceau d'un des plus illustres artistes de cette époque, Thierri Stuerbout, dont nous allons parler bientôt. Nous arrivons, en effet, à cette nombreuse phalange de peintres de premier ordre, qui constitue notre ancienne école flamande.

CHAPITRE XIX.

TABLEAU DE LA BELGIQUE AU XVme SIÈCLE (SUITE). — PEINTURE : LES FRÈRES VAN EYCK ; LEURS DISCIPLES : GÉRARD VAN DER MEEREN, ROGER VAN DER WEYDEN, THIERRI STUERBOUT, HANS MEMLINC.

Le XVe siècle est une époque dans l'histoire de l'art. L'école flamande brilla alors du plus splendide éclat ; les progrès réalisés par nos artistes, la découverte de la peinture à l'huile due à l'un d'eux, les monuments incomparables qu'ils nous ont laissés, tout cela est pour la Belgique une de ses gloires les moins contestées, sa plus riche couronne aux yeux de l'étranger. On peut le dire hardiment : sur ce terrain la Belgique n'a été vaincue par personne, et elle connaît peu de rivales. Quand on a nommé l'école italienne, l'école française, l'école espagnole, on a nommé d'illustres émules sans doute auxquelles l'école flamande tend une main amie, mais avec une légitime fierté, et sans se sentir abaissée en leur présence. Nous voudrions, autant que notre faiblesse et le défaut de connaissances spéciales le permettent, tracer une rapide esquisse de ce grand mouvement artistique. Malgré notre incompétence, il y a là quelque chose qui remue profondément notre cœur de citoyen, et nous nous estimerions heureux de faire passer à quelque degré dans l'âme de nos lecteurs ce sentiment patriotique. Les Pays-Bas, vers la fin du XVe siècle, étaient la contrée la plus prospère du monde. L'Italie seule pouvait alors soutenir la comparaison avec nous, mais sans briller d'un éclat supérieur. D'habiles princes, d'heureuses circonstances, avaient ajouté les richesses de l'industrie et du commerce à celles du sol, qu'un travail persévérant avait su rendre plus fertile. Bruges, chef-lieu de la hanse teutonique dans nos contrées, était alors, au témoignage d'Enéas Sylvius, une des trois plus belles villes du monde. La prospérité commerciale y avait multiplié les familles opulentes et développé les industries qui vivent du luxe et de la dépense. Les seuls orfèvres de Bruges étaient si nombreux qu'ils pouvaient marcher en corps de bataille sous leurs propres drapeaux. Les bourgeois de quarante-huit villes, y compris ceux de Paris, s'étant réunis à Tournai, en 1394, pour disputer le prix de l'arbalète, ce furent ceux de Bruges qui déployèrent le plus de magnificence ; ils étaient habillés tout en soie et en damas et portaient des chaînes d'or d'une valeur incroyable. Mais la ville qui devait être le berceau de l'art flamand possédait autre chose que la richesse. Elle nourrissait dans son sein une race d'hommes ardente et naïve, profondément croyante, prompte à l'enthousiasme et à la passion. Ces hommes étaient à la fois religieux, pleins d'imagination, magnifiques dans leurs fêtes, dans leurs vêtements, rudes au combat et intrépides dans le danger. A côté de cette bourgeoisie pieuse, enthousiaste et forte, résidait une cour chevaleresque. C'étaient d'abord ces vaillants comtes de Flandre, les princes les plus magnifiques de leur temps ; ce fut ensuite toute cette brillante noblesse réunie autour des ducs de Bourgogne, pour laquelle fut institué à Bruges même l'ordre de la Toison d'Or. Là régnaient dans leur antique éclat ces jeux guerriers qui retracent l'image des batailles, et quand le roi René voulut donner à la Provence le code des tournois, il prit pour modèle les joutes qu'il avait vues à Bruges. Telles furent les sources de poésie et d'émotion d'où jaillit la pensée des vieux artistes brugeois ; c'est pour cela qu'on vit régner longtemps dans leurs ouvrages ces nobles et chastes tendances que la richesse seule ne peut produire, qu'elle finit même par altérer, et qu'elle altéra à Bruges comme ailleurs.

Par quels degrés se formèrent les artistes illustres dont cette ville a vu naître les œuvres immortelles à l'époque où nous sommes ? On ne peut le dire avec exactitude, car la chaîne des temps est rompue. Presque rien ne frappe nos regards entre les ouvrages du XIIe siècle, encore tout byzantins, et ceux du XVe qui nous montrent l'école de Bruges en possession de la peinture à l'huile, de la science du dessin et même de la perspective. On dirait que les Van Eyck, dont les chefs-d'œuvre nous apparaissent alors dans toute leur magnificence, en ont emprunté le secret à des contrées étrangères ou qu'ils ont inventé en un jour, non pas seulement la couleur à l'huile, mais l'art tout entier. Pour combler cette immense lacune, nous n'avons guère que les monuments de la sculpture, et malheureusement il ne nous est resté que quelques débris des œuvres de nos anciens statuaires. Bruges en possède un qui remonte au commencement du XIIIe siècle. C'est un bas-relief de la façade de l'hôpital Saint-Jean, rebâtie vers l'an 1220. Au-dessus de la porte et dans la double arcade qui la surmontait, se trouvaient encadrées de riches sculptures, dont une partie est détruite ; mais des constructions plus récentes ayant abrité dans la suite un pan de l'ancienne muraille, ce qui restait de ces grands tableaux de pierre nous a été conservé. On y remarque une vaste composition à plusieurs plans, dont les scènes sont superposées de même, à peu près, que dans les peintures de l'époque suivante. Au sommet le Christ couronne sa divine mère; deux anges s'inclinent aux deux côtés. Ce sujet, familier aux peintres byzantins, rappelle quelques-unes de leurs plus grandes pages. Le sculpteur flamand a conservé au Sauveur et à Marie les types consacrés par l'école orientale, mais son style a déjà un autre caractère. La manière est simple et naïve, sans manquer d'élégance et d'expression. On ne voit plus rien de dur dans les traits, rien de brusque dans les mouvements, rien même de trop roide dans les attitudes. Le sujet du bas-relief inférieur est la mort de la Vierge. Son corps inanimé, déjà recouvert du voile funèbre, est entouré par les apôtres, dont la figure et l'attitude expriment une profonde douleur. Mais le Christ revenu au milieu d'eux a recueilli lui-même l'âme sans tache et se prépare à la transporter dans le séjour divin. L'âme, selon une coutume orientale, est représentée sous la forme d'un enfant.

L'expression de l'Homme-Dieu est assez imposante, mais celle des apôtres est vraiment sublime. Animés tous du même sentiment, ils offrent cependant une variété infinie de caractère, d'attitude et, pour ainsi dire, de pensée. Ce n'est qu'en Italie que le XIIIe siècle semble avoir produit des ouvrages d'un mérite égal à celui de ce morceau précieux, et encore Nicolas de Pise, regardé comme le restaurateur de la sculpture dans cette contrée, n'apparaît-il qu'en 1225, c'est-à-dire quelques années après la reconstruction de l'hôpital St-Jean.

On ne saurait trop déplorer la destruction des autres morceaux de sculpture dont s'enrichit à cette époque la cité flamande. Les débris de pierres sépulcrales du XIIIe et du XIVe siècle annoncent presque tous l'œuvre de mains également habiles, mais ces débris sont aujourd'hui informes. Il reste cependant une autre classe d'ouvrages antiques qui ont échappé à l'indifférence sacrilège des générations nouvelles : ce sont les grandes tables de cuivre qui, à l'époque de l'opulence de la ville, étaient employées pour recouvrir la sépulture des plus riches habitants. Sur ce cuivre, soigneusement poli, se dessinait en émail la figure du mort entourée de symboles et d'ornements de toute espèce. C'étaient en quelque sorte d'immenses esquisses qui faisaient relief tant que l'émail y restait attaché, mais qui à la longue n'offraient plus qu'une gravure en creux, triste et noire comme celles de nos tombeaux. On ne sait pas à quelle date remonte l'adoption de ces tombes en métal. En Angleterre, où cet usage paraît avoir été introduit dès le commencement du XIIIe siècle, on le considère comme d'origine flamande. Ces tombes se trouvent surtout, dit un écrivain anglais, dans les provinces qui fournissaient de la laine à la Flandre, et près des côtes plutôt que dans l'intérieur du pays. Nos villes flamandes n'ont conservé qu'un petit nombre de ces planches funéraires. La plus ancienne connue en Flandre ne date que de l'an 1300, et encore l'existence n'en est-elle due qu'au hasard. Les iconoclastes du XVIe siècle l'avaient coupée en morceaux, et ce fut un brave ciseleur qui, vers 1615, en rattacha les débris à l'aventure pour graver sur le revers une nouvelle inscription sépulcrale. Elle demeura incrustée, sous cette nouvelle forme, dans le pavement de l'église Saint-Jacques pendant plus de deux cents ans. C'est là qu'on l'a retrouvée presque intacte, à l'exception des branches latérales qui portaient les inscriptions. Cette planche représente une arcade gothique d'une grande magnificence, sous laquelle repose un chevalier richement vêtu. L'attitude du mort était celle de la prière. La physionomie respire la vie et la foi, et les yeux encore ouverts semblent élever leurs regards vers le ciel. Le style de cette grande figure allie la noblesse à la simplicité, mais l'art éclate surtout dans les accessoires. L'arcade, composée d'une suite de niches d'une architecture élégante, porte les images des prophètes et des apôtres, toutes dessinées de main de maître. A l'entour s'étend une riche bordure où les oiseaux s'entremêlent aux fleurs. On reconnaît ici l'habitude qu'avaient déjà les artistes flamands de représenter ces étoffes damassées ou brodées d'or si communes dans les tableaux du XVe siècle. Un graveur moderne rendrait à peine avec la même délicatesse les feuillages qui se déroulent autour du sujet principal, les broderies du manteau et tout ce qui appartient à l'ornementation. Sur cette planche l'effigie est un portrait. Il résulte en effet de l'examen des tombes anglaises que les graveurs s'attachaient fidèlement à la ressemblance, et les planches de Bruges en fournissent aussi de nombreuses preuves. Il en existe une surtout, exécutée en 1387 et conservée dans l'église de Saint-Sauveur, qui rend avec une vérité presque hideuse la difformité de la vieillesse. Mais ici même la pensée religieuse n'a laissé la tombe ni sans grandeur, ni sans poésie. L'artiste n'a laissé entrevoir qu'une partie des traits du modèle. Il a caché le reste sous les plis du drap mortuaire, et enrichi l'ensemble de sa composition des détails les plus gracieux. Le fond est formé par un tapis de fleurs d'une finesse inimitable. Une riante bordure de pampres sert d'encadrement ; aux quatre angles se dessinent les quatre évangélistes, et de petits anges qui soutiennent les légendes semblent se jouer à l'entour. Le contraste ne fait que mieux ressortir la figure amaigrie du mort qui est là couché dans son linceul, les yeux voilés, les mains jointes, et demandant grâce à Dieu au nom de Marie par ces paroles tremblantes qu'on voit sortir de sa bouche : *Averte faciem tuam a peccatis meis! Maria, mater gratiae, mater misericordiae.*

Ce n'est pas seulement à Bruges que brille le talent de ces vieux maîtres de la première école flamande. Le tombeau de Philippe le Hardi, duc de Bourgogne et comte de Flandre, conservé au musée de Dijon, a été élevé par des mains belges. Or la critique française proclame cette œuvre égale à tout ce que l'Italie a produit de plus beau. Voici en quels termes s'exprime sur ce mausolée et sur celui de Jean sans Peur, construit d'après le même modèle, un des meilleurs juges de notre temps, M. Viardot : « Ces tombeaux, dont les détails sont comparables aux bas-reliefs de Ghiberti (les fameuses portes du baptistère de Florence) et aux cariatides de Jean Goujon (l'orgueil de la sculpture française), me semblent les plus précieuses reliques de l'époque qui précéda immédiatement la renaissance. Tous les détails de ces édifices en miniature, ces ogives hautes de trois pieds, ces cloîtres où se promènent des personnages de quinze pouces, ces clochetons, ces angelots, ces dentelles de marbre et d'albâtre, réunissent le fini le plus pur, la plus étonnante perfection du travail, à l'élégance du dessin, à l'harmonie des proportions, à l'heureuse combinaison des parties. Les statuettes des pleureurs surtout, c'est-à-dire de moines et d'officiers du palais, qui prient ou se lamentent, sont vraiment merveilleuses. Il y a là quatre-vingts figurines, dont chacune prise isolément est un petit chef-d'œuvre, et leur réunion en augmente encore, par l'effet du contraste, le mérite et la beauté. La variété singulière de leurs poses toujours naturelles, de leurs expressions toujours vraies et profondes, le caractère des têtes, le jet des draperies, la délicatesse du ciseau, surpassent véritablement tout ce qu'on peut attendre. »

Une figure d'ange gravée sur cuivre, et conservée dans l'église de Saint-Jacques à Bruges, rappelle le style et le caractère du mausolée de Dijon. Les peintres byzantins représentaient ces esprits célestes sous des formes presque virginales. La vieille école de Cologne et les frères Van Eyck conservèrent cette tradition. Dans le cuivre de Bruges, l'artiste a réuni les conditions de pureté et de grandeur, dont l'alliance seule peut représenter ces êtres supérieurs à la nature humaine. La tête de l'ange, pleine de charme et de douceur, siérait presque à une femme, mais de ses épaules jaillissent des ailes flamboyantes qui s'élèvent vers le ciel avec rapidité, tandis que le reste de cette chaste figure est voilé aux regards humains par une robe à longs plis drapée avec une majesté indicible. Il n'y a plus là de chairs et de muscles; c'est un corps de souplesse sur lequel la draperie se déploie de son propre mouvement sans accuser d'autres formes que des contours à la fois simples et gracieux. On incline le front devant cette belle et sereine image, qui n'a de ressemblance avec l'homme que pour l'ennoblir. Et cependant ce chef-d'œuvre n'était, selon toute apparence, qu'un simple support placé à côté d'une inscription tumulaire. Le bras gauche, qui soutenait probablement l'écusson armorié, a perdu la main ; celle qui reste tient encore un casque dont le cimier pyramidal est couronné par une tête de More.

A côté de ces glorieuses créations du burin et du ciseau, on ne saurait douter que la peinture n'eût aussi ses merveilles. Les progrès du dessin et l'intelligence de la composition sont attestés par les œuvres des graveurs et des statuaires, mais la science du coloris resta longtemps dans l'enfance. Les premiers maîtres ne nuançaient point les couleurs ; ils les appliquaient sans distinction de la lumière et de l'ombre. Cependant on aperçoit, dans le cours du XIVe siècle, les signes avant-coureurs de la grande révolution artistique qui, sous les auspices des deux Van Eyck, devait assurer à jamais le triomphe de la peinture. Dès l'an 1370, maître Wilhelm, l'illustre chef de l'école de Cologne, sut s'élever très-haut dans la représentation des sujets religieux. Nos vieux tableaux n'ont pas été recueillis avec le soin qu'ils méritaient. L'un d'eux, qui se conservait encore à Bruges il y a quelques années, a inspiré à un juge éclairé, Mr Passavant de Francfort, l'appréciation suivante de nos peintres brugeois : « Leur manière de peindre n'offre pas cet art de fondre les couleurs que possédait déjà l'école rhénane; cependant les nuances ne laissaient pas que d'être assez douces. Les têtes sont remplies de grâce, le jet des draperies large et grandiose, et le caractère tout à fait différent de celui des peintres de Cologne. On dirait que c'est par de pareilles productions que s'est formé le talent d'Hubert Van Eyck pour atteindre au degré de perfection que nous admirons dans ses tableaux. Néanmoins le style et les détails annoncent une époque antérieure à lui. »

Pour estimer à sa juste valeur l'œuvre accomplie par les Van Eyck, il ne faut rien négliger de ce que l'art avait produit jusque là. On ne saurait refuser une part d'influence sur les progrès de l'âge suivant aux enluminures, comme on les appelait alors, c'est-à-dire aux miniatures sur vélin consacrées à l'ornement des manuscrits. Il y a une grande distance, sans doute, entre les tableaux des anciens maîtres aux traits larges et à la touche rude, et ces vignettes délicates dont la patience des moines avait chargé la marge des missels et des livres d'heures. Le manque d'espace exigeait une merveilleuse finesse d'exécution, le cinabre, l'outremer et l'or devinrent les couleurs dominantes de l'enluminure, des ornements fantastiques achevèrent d'en faire un genre à part. Toutefois, vers le XIVe siècle, les enlumineurs prirent place parmi les peintres. Ils furent nombreux en Flandre, et montrèrent de bonne heure cette intelligence du coloris, ce goût pour la décoration, ce soin minutieux et cette imagination féconde, qui devaient caractériser les artistes de l'âge suivant : « Dans les mains des peintres en miniature de Bruges, l'or rayonne, il pétille. Leurs carnations disputent de fraîcheur avec la nature, de même que dans leurs arabesques, dans leurs encadrements, on croit voir mûrir les groseilles, les fraises, et respirer le parfum des fleurs. Lorsque ces bordures représentent des dentelles d'or et d'argent, des rubans, des franges de satin, ou de velours, jamais la dentelle, le ruban, le satin, le velours n'ont été aussi artistement tissus que par le pinceau. » Ce progrès matériel préparait, pour la grande peinture elle-même, une seconde ère : car les artistes les plus renommés ne dédaignèrent pas alors de descendre à côté des enlumineurs et d'orner les manuscrits de petits chefs-d'œuvre. Ils s'accoutumèrent ainsi à cette finesse de travail et à cette magie de la couleur que nous ne savons plus égaler. Dès lors tout fit sentir aux maîtres flamands le besoin d'un procédé nouveau qui leur permît de peindre sur le bois et sur la toile avec autant d'éclat et de délicatesse que sur le vélin. Tel fut sans doute le but de leurs recherches. Ils savaient depuis longtemps que l'huile mêlée aux couleurs leur donnait une solidité remarquable ; mais ce n'était point la solidité qu'ils recherchaient, quoiqu'on en ait dit, car ils ne firent pas usage de la peinture à l'huile avant le XVme siècle, et cependant celle-ci était employée pour la décoration des édifices dès l'an 1350, les archives de Bruges en font foi. Des nuances plus vives, plus transparentes, plus agréables à l'œil et qui fissent mieux ressortir ces détails qui leur étaient devenus familiers, voilà ce qui leur manquait et ce qu'il fallait découvrir. Ce fut vers l'an 1410 qu'Hubert Van Eyck résolut, semble-t-il, ce problème. Il trouva le secret de donner une splendeur sans égale à ces teintes naguère ternes et sombres, et les couleurs à l'huile, telles qu'il sut les mettre en usage, firent oublier toutes celles qu'on avait employées avant lui. Mais si cette belle invention dotait l'art de richesses nouvelles, elle l'exposait peut-être à perdre quelque chose de sa grandeur. Le prestige du coloris allait balancer l'influence de la pensée. Telle est au moins la tendance qui se manifesta peu à peu dans les ouvrages des enlumineurs : les fleurs, les fruits, les broderies et les arabesques se multiplièrent sur la marge des livres pieux, aux dépens des figures religieuses qui devinrent de plus en plus rares. Au naturalisme des images se mêla enfin une indécence immorale, car le talent descend vite dès qu'il a détourné ses yeux du beau idéal. « On reconnaît, dit Mr Monteil, parmi les dernières enluminures, celles des peintres de Bruges à la nudité des personnages; plusieurs sont si indécents qu'il faudrait les couvrir. Le XVe siècle surpassa le précédent en habileté et en licence. La Flandre, à cet égard, passait les autres parties de l'Europe, et la ville de Bruges les autres parties de la Flandre. » Il est heureux que le génie de l'inventeur de la peinture à l'huile ait été plus grand que son invention. Peintre de manuscrits lui-même, il transporta sur ses panneaux toutes les merveilles de cet art magique, son pinceau exprima chaque feuille des arbres, chaque brin de gazon, chaque fil de l'étoffe, chaque cheveu de la tête; il fit rayonner les reflets du velours et de l'or, circuler le sang dans les veines, éclater la vie dans les regards. Et cependant il ne se prosterna pas tellement devant la nature extérieure qu'il lui sacrifiât sa pensée. Au contraire il prit à tâche d'agrandir le sens religieux de ses compositions, et la majesté de ses figures sacrées fait pâlir la splendeur même de son coloris.

Hubert Van Eyck était né en 1366; son frère Jean avait vingt ans de moins que son aîné. La Providence leur avait donné une sœur, Marguerite, douée comme ses frères d'un admirable talent. Ils s'étaient établis à Bruges, dans ce milieu poétique que nous avons décrit plus haut, mais l'exécution d'une œuvre qui eût suffi pour immortaliser leur mémoire les appela à Gand vers l'an 1420.

Josse Vyt, seigneur de Pamele, avait obtenu une chapelle dans l'église de Saint-Bavon afin d'y établir la sépulture de sa famille. Cet homme opulent voulait décorer l'autel d'un tableau qui n'eût pas son pareil, et en fit la demande aux Van Eyck. Ceux-ci acceptèrent, se transportèrent à Gand, et y exécutèrent cette œuvre sublime et gigantesque, connue sous le nom de l'*Adoration de l'Agneau*. « Supposez, dit un écrivain français, homme de lettres distingué et excellent juge des œuvres d'art, supposez qu'il n'y ait pour un voyageur aucun motif d'aller à Gand ; que cette grande ville ne soit ni la patrie de Charles-Quint, ni l'ancien et tumultueux théâtre des mémorables luttes de la bourgeoisie flamande ; qu'elle n'ait conservé pas un pan de muraille historique, ni son beffroi, ni son hôtel de ville, pas un de ses canaux ni de ses anciens ponts, pas un de ses pignons sculptés à l'espagnole ; il n'en faudrait pas moins venir à Gand, ne fût-ce que pour passer deux heures à Saint-Bavon. A lui seul, Saint-Bavon vaut vraiment le voyage, moins pour l'édifice lui-même que pour le trésor qu'il renferme. C'est une grande église svelte, hardie, comme toute église du XIIIe siècle, mais habillée à la moderne.... Ce n'est pas pour cette marbrerie, si précieuse et bien travaillée qu'elle soit, que je vous ai fait venir, pas même pour ce long cordon d'écussons peints et dorés qui sert de couronnement à l'intérieur du chœur, bigarrure pittoresque et curieux assemblage, qui nous rappelle que Philippe II a tenu dans ce chœur un splendide et dernier chapitre de l'ordre de la Toison d'Or. Rien de plus fier, de plus original, comme ornement d'église, que cette frise héraldique ; mais nous avons mieux à faire que d'en étudier les blasons. Je vous conduis à l'une de ces chapelles aux portes de bronze et aux cloisons de marbre, la cinquième à main droite à partir du transept. Si le bonheur veut qu'il soit quatre ou cinq heures du soir, par un beau jour d'été, un rayon lumineux frappera la muraille qui surmonte l'autel et qui vous est cachée par quatre rideaux verts. Peu à peu, grâce au suisse dont vous êtes suivi, ces rideaux tomberont, et les quatre tableaux qu'ils recouvrent s'illumineront pour vous. Je me souviens du jour où, à cette même heure, je vis pour la première fois s'écarter ces rideaux. Je n'étais pas préparé.... Quelle fut ma surprise! J'avais devant les yeux une scène splendide, une vision du paradis, des visages célestes, des regards séraphiques, et un art, un dessin, un coloris aussi souple que solide, aussi moëlleux que précis, tous les dons en un mot de la grande peinture, et les dons les plus opposés. J'hésite en vérité à décrire ce chef-d'œuvre, tant il est célébre et connu. On en sait le sujet : c'est l'Adoration de l'Agneau, de l'Agneau pur et sans tache, du Sauveur du monde. L'Agneau est sur l'autel, au centre de la composition. Les premiers qui l'adorent sont des anges, splendidement vêtus, l'encensoir à la main; après les anges, à genoux et en demi-cercle, les patriarches, les prophètes, les apôtres et les confesseurs; puis, derrière eux, toute la milice de Jésus-Christ, les papes, les docteurs, les ermites, les pèlerins, les femmes saintes, les vierges martyres, s'acheminant pour adorer l'Agneau des quatre coins du monde. L'action se passe dans une vaste campagne, sur un pré vert et fleuri, en vue de la Jérusalem céleste, dont les remparts et les tours se dessinent à l'horizon. » C'est là une esquisse brillante, mais incomplète de cette grande œuvre. Comme on l'a dit avec raison, ce qui nous sépare le plus des maîtres du moyen-âge, ce qui nous manque pour les apprécier dignement, c'est que nous ne les comprenons point, c'est que nous méconnaissons trop souvent le but qu'ils se proposaient. En frappant les yeux, c'est à l'âme qu'ils voulaient parler; en traitant des sujets mystiques, ils s'élevaient à toute la hauteur où la science au service de la foi et la contemplation peuvent porter l'intelligence. Dans l'Adoration de l'Agneau, Hubert Van Eyck a vu, non pas l'occasion de grouper quelques figures plus ou moins majestueuses, mais celle de faire rayonner aux regards humains le spectacle sublime de la grandeur de Dieu et de sa miséricorde. Un savant théologien allemand, qui a étudié ce tableau à ce point de vue, nous a donné une exposition détaillée de l'idée religieuse du peintre. Nos lecteurs la parcourront avec utilité et intérêt. « Le sujet de ce tableau, dit Staudenmaier, embrasse le monde entier. Différents panneaux sur lesquels est représenté cet ensemble forment deux rangs, et tout, dans cette suite de peintures, se trouve disposé dans un ordre intelligent pour représenter le culte de l'Agneau, comme nous le montre le livre sacré, et pour diriger l'esprit du spectateur vers cette adoration. Mais que de choses étaient nécessaires pour élever la pensée jusqu'à ce but sublime! Toute la vision de S. Jean, depuis le commencement jusqu'à la fin, doit être citée pour établir l'Adoration de l'Agneau, de manière à reproduire en quelque sorte cette parole divine : « Je suis l'*alpha* et l'*oméga*, le principe et la fin. » Au milieu du rang supérieur, est assis majestueusement

Dieu le Père. Sur son front est une couronne, semblable à celle du Souverain Pontife. Dans la main gauche il tient le sceptre qui est l'emblème du pouvoir ; sa droite s'étend comme pour affirmer la vérité éternelle. Sur sa poitrine se croise une étole attachée par des pierres précieuses, et dont la bordure est ornée de caractères et de symboles divins. Sa tête est environnée d'une auréole brillante sur laquelle on lit ces mots : « Voici le Dieu tout puissant dans sa divine majesté, le Dieu infiniment bon dans son tendre amour, le généreux rémunérateur dans sa magnificence inépuisable. » La marche sur laquelle reposent les pieds du Père céleste porte les mots suivants : « Autour de sa tête est la vie immortelle, sur son front l'éternelle jeunesse; de sa main droite découle la joie exempte de souffrance, de sa gauche la sécurité sans crainte. » La tapisserie qui se trouve derrière lui offre la couleur de l'espérance. Un pélican avec ses petits, symbole de l'amour divin, couronne le tableau. Aux deux côtés du Dieu tout-puissant et dans une attitude qui indique la contemplation et le recueillement, sont placés S. Jean-Baptiste, choisi par l'Eternel pour annoncer au monde l'heure de la rédemption, et la Vierge, à laquelle il fut donné d'enfanter le Christ. Leur mission de salut est écrite autour des auréoles qui surmontent leur tête, et tous deux ont les regards fixés sur les livres sacrés où est écrite la volonté de celui qui s'est servi d'eux pour la délivrance de l'humanité. Plus loin et des deux côtés nous apercevons les anges et les saints, associant leurs accords pour répéter ces mélodies célestes familières aux esprits bienheureux, et dont les harmonies de la terre ne sont qu'un écho vague et lointain. A droite de la Vierge, ce concert divin est célébré par huit anges, revêtus de robes d'une étoffe précieuse et portant des diadèmes ornés de pierreries. Ils se tiennent réunis devant un pupitre sur lequel repose le livre qui contient la musique sacrée. L'ange qui se trouve sur le premier plan a placé la main gauche sur le cahier ouvert, et de la droite il bat la mesure. Ce groupe est si plein d'expression et d'une vérité si naïve que Van Mander a raison de dire qu'on lit sur la figure de chacun des chanteurs quelle est la partie dont il est chargé. Mais ce n'est pas leur voix seule que nous entendons, nous distingnons encore le son des instruments dont ils s'accompagnent. Ainsi, sur la partie du tableau qui se trouve à gauche de saint Jean-Baptiste, on voit sainte Cécile assise et touchant l'orgue, tandis que cinq anges, munis de harpes et de violoncelles, se joignent à elle pour soutenir les chants. Rien de plus noble, de plus chaste et de plus majestueux que les traits que le peintre a donnés à ces habitants du ciel. Chacun d'eux semble absorbé dans l'ineffable jouissance de cette harmonie divine à laquelle ils sont associés. L'humanité occupe enfin les deux derniers panneaux de cette rangée, et avec elle apparaît le péché. Du côté gauche se trouve Ève, offrant à Adam le fruit défendu. Adam, qui est représenté à droite, contemple la pomme fatale. Le penchant vers le mal est éveillé ; cependant, comme par une crainte secrète, il semble se détourner de la jouissance qu'il désire déjà. C'est pourquoi il place la main gauche sur son cœur. Mais le péché est commis et entraîne ses conséquences funestes. La première est le fratricide, qui est peint au-dessus d'Ève, ainsi que le premier sacrifice au-dessus d'Adam. Le salut de l'homme exigera la mort du fils de Dieu, car le premier homme a perdu sa postérité, et le peintre a écrit sous son image : « *Adam nos in mortem præcipitat.* » C'est Adam qui nous précipite dans la mort. La rangée inférieure est consacrée à l'adoration de celui qui a racheté la race humaine. Une grande multitude de toute nation, de toute tribu, de tout pays, de toute langue, vient adorer l'Agneau en s'écriant d'une voix forte : « c'est de lui que vient notre salut. » Dans le panneau qui se trouve le plus à droite, des rois, des princes et des hauts dignitaires s'avancent sur de nobles coursiers. Ce sont ceux auxquels Dieu a confié le pouvoir et le gouvernement de la terre. C'est pourquoi on y voit inscrit : « *Justi judices,* » les justes juges. Toutes les conditions, toutes les classes de l'humanité sont appelées à l'adoration et au festin de l'Agneau divin. Sur le second panneau chevauchent des gentilshommes couverts d'armures étincelantes, avec des casques brillants ou des coiffures ornées d'hermine. Leurs armes luisent au soleil et leurs bannières flottent au gré des vents. Ce sont les chevaliers du moyen-âge que vous voyez devant vous, avec leur courage, leur grandeur, leur force héroïque et surtout leur foi sacrée, qui les pousse à combattre pour la sainte cause du Christ. Aussi le panneau porte cette inscription : « *Christi milites*, » les soldats du Christ. Ils ont la tête ceinte de lauriers. L'artiste a placé ce groupe comme le précédent, au sein d'une délicieuse vallée, que dominent dans le lointain de hautes montagnes couronnées de châteaux et de tours.

On croirait y reconnaître les plus beaux sites des rives de la Meuse et du Rhin. Les panneaux opposés offrent au contraire une nature inconnue aux peuples du Nord. C'est l'Orient qui se déploie dans sa magnificence. Aux chênes et aux hêtres ont succédé les cèdres et les orangers ; au ciel gris de l'Europe septentrionale, la lumière éclatante de l'Asie. Au milieu de cette scène brillante, s'avance une troupe innombrable de pèlerins qui se dirigent vers le même but. Mais quel est le géant qui précède et dirige toute l'armée? C'est saint Christophe qui porta Jésus-Christ. Appuyé d'une main sur le tronc d'arbre qui sert de bourdon, de l'autre il montre à ceux qui le suivent la route où il les conduit. Sur ses pas marche une multitude de fidèles de tous les âges et de toutes les conditions de la vie, revêtus des costumes les plus variés, et représentant la chrétienté tout entière : car la vie est-elle autre chose pour le chrétien qu'un pèlerinage? Cependant le peintre a distingué des simples fidèles, *peregrini sancti*, les religieux, *heremitae sancti*, qui occupent le panneau placé immédiatement après. Là viennent ceux qui, s'étant consacrés à Dieu, ont concentré en lui seul toutes leurs affections et leurs pensées. Ils portent l'habit monastique et sont munis de rosaires, car c'est pour prier qu'ils ont vécu. Ils sont enfin arrivés à ces saints lieux si vivement désirés. De quatre côtés différents ils s'approchent du sanctuaire en autant de groupes. Ici des pontifes, des archevêques, des évêques ; là des prieurs, des abbés ; ici une troupe de saintes femmes ; là une multitude innombrable de gens de toutes les conditions, de tous les pays et de tous les temps. Ils tiennent à la main des branches de palmier et d'olivier, signe de la victoire et de la vie éternelle qui commence pour eux. Un profond respect les tient à distance : les uns restent frappés d'admiration, les autres prient en silence, comme les vieillards placés plus loin. Au milieu du céleste paysage s'élève un autel que recouvre un voile blanc. Sur cet autel se trouve l'Agneau sans tache, de la poitrine duquel découle un sang pur que reçoit un calice. Sur l'autel est cette inscription : « Voici l'Agneau de Dieu qui efface les péchés du monde, Jésus, la Voie, la Vérité et la Vie. » Tout autour sont agenouillés des anges avec les divers emblèmes de la rédemption. D'autres dirigent vers l'Agneau leurs encensoirs. Plus loin, et vis-à-vis de l'autel, coule un ruisseau bordé de roseaux, avec cette inscription : « Voici la source du fleuve de vie, qui découle du trône de Jésus-Christ. » Du haut du ciel descend le Saint-Esprit sous la forme d'une colombe ; les rayons qu'il projette semblent répandre une clarté divine sur tout le paysage. Enfin, au-dessus de l'autel, apparaît Dieu le Père assis sur son trône, prenant part à la glorification de son fils. Ainsi se trouve déployée à nos regards, dans son ensemble majestueux et sublime, la vision mystique de l'apôtre : « Et il me montra un fleuve d'eau vive, clair comme du cristal, qui sortait du trône de Dieu et de l'Agneau, et, au milieu des quatre animaux et des vieillards, je vis un Agneau qui était debout et comme égorgé. Les vingt-quatre vieillards tenaient des harpes et des coupes pleines de parfums, qui sont les prières des saints. Je regardai encore et entendis autour du trône, et des animaux et des vieillards, la voix d'une multitude d'anges ; et il y en avait des milliers de milliers, qui disaient à haute voix : « l'Agneau qui a été égorgé est digne de recevoir puissance, divinité, sagesse, force, honneur, gloire et bénédiction ; et j'entendis toutes les créatures qui sont dans le ciel, sur la terre, sous la terre et dans la mer, et tout ce qui est dans les cieux qui disaient : à Celui qui est assis sur le trône, et à l'Agneau, bénédiction, honneur, gloire et puissance dans les siècles des siècles! »

Tel est, dit Moke, le monument ineffaçable de la pensée par laquelle l'art était animé au XVe siècle. Tout y est intelligence et contemplation. La vérité du dessin, la perfection du coloris, le fini merveilleux des détails, ne forment que la partie secondaire de l'œuvre. C'est dans l'idée que résident la puissance et l'harmonie. Voilà l'époque où les productions de l'art avaient un sens profond, une influence forte, une autorité légitime. La peinture parlait à l'âme, et devenait sœur de l'enseignement et du sacerdoce. Et cependant deux manières distinctes se révèlent dans ce tableau. Hubert Van Eyck a conservé le caractère mystique et grandiose de l'époque ancienne ; ses trois grandes figures sont immobiles et entourées de l'auréole d'or, selon l'usage du moyen âge; il fait dominer l'idéal sur le réel. Chez Jean Van Eyck perce une nouvelle tendance : il se plaît à la représentation du paysage, de la vie, des traits individuels. On voit qu'il suit son frère aîné comme son guide et son maître dans la partie sacrée de la composition, mais qu'au fond il est surtout préoccupé de la vérité matérielle, et n'aspire qu'à copier la nature. Ce qu'on a nommé le naturalisme de Jean Van Eyck n'est autre chose que ce penchant à quitter le sublime et l'idéal pour le naïf et le réel. Mais aussi comme la nature extérieure brille sous son pinceau ! Les moindres accessoires, étoffes, pierres précieuses, tapis, détails d'architecture, revêtent une splendeur incomparable. Chaque arbre a son feuillage, chaque plante a sa fleur. Un soin minutieux donne de la fidélité à chaque trait et de la grâce à l'ensemble. Ces qualités séduisantes expliquent la faveur dont jouirent les œuvres de ce peintre fameux ; le nom de son père a été éclipsé par le sien. Lui seul, dans sa modestie, s'est incliné devant la supériorité de son aîné, et semble s'être refusé à lutter avec lui par une œuvre capitale. Quelques pages de grandeur moyenne, une foule de petites, parfois même des miniatures, furent ses seuls travaux. Nous le voyons attaché au service de Philippe le Bon, et chargé d'aller peindre l'infante de Portugal, que ce prince devait épouser; mais ce portrait est perdu. D'autres existent encore dans les collections d'Angleterre et de Hollande. Des recherches récentes ont fait voir la fausseté de la tradition suivant laquelle Hubert et son frère auraient longtemps tenu secrets les procédés de la couleur à l'huile. Tous deux, au contraire, eurent de nombreux élèves à Gand comme à Bruges, à commencer par le roi René d'Anjou, qui peignit lui-même d'après la manière flamande, et se piqua de l'enseigner à des maîtres italiens. Gérard Van der Meire, Roger de Bruges, Thierri Stuerbout, et quelques autres moins célèbres, marchèrent d'assez près sur les traces de Jean Van Eyck pour que leurs œuvres fussent quelquefois confondues avec les siennes, et toute cette génération de peintres ne produisit pas une seule page qui ne lui ait été attribuée. La grande preuve de l'influence des Van Eyck sur l'art Flamand c'est que tout ce qui vient immédiatement après eux les prit pour modèles. Quoique la plupart de leurs successeurs eussent visité l'Italie, où ils laissèrent de nombreux ouvrages, on ne découvre dans leurs compositions aucune trace de l'effet qu'aurait pu exercer sur eux l'influence des maîtres florentins. Un manuscrit précieux conservé à Venise offre une quantité incroyable de miniatures exécutées par ces artistes voyageurs dans la seconde moitié du XVe siècle; figures, costumes, style et couleur, tout y porte le cachet de l'école de Bruges. Au contraire, les peintres italiens et allemands de la même époque subissent évidemment l'influence flamande.

Qu'on ne se méprenne pas du reste sur ce qui a été dit précédemment du naturalisme de notre vieille Ecole flamande. Malgré cette idolâtrie de l'éclat, de la grâce et de la couleur, qui les éloignait des premières voies de l'art chrétien, les élèves des Van Eyck n'avaient pas abdiqué le culte de la pensée. On les voit même constamment sacrifier la vérité de l'image au développement de l'idée. Ainsi, dans les sujets sacrés, on voit, par exemple, le point principal de la vie d'un saint occuper le centre du tableau, et dans les angles et sur les derniers plans ce qui l'a précédé ou ce qui l'a suivi. Il en est de même dans les sujets profanes. La grande page qui nous reste de Thierri Stuerbout offre à nos regards une noble veuve, tenant en main la tête de son époux, et demandant justice à l'empereur; dans le fond, le bûcher vengeur s'allume déjà, et les flammes dévorent celle dont les calomnies avaient fait périr l'innocent. L'artiste ne se borne pas à une seule scène, il veut retracer l'action tout entière. C'est ce qu'essayèrent plus tard aussi les écrivains dramatiques, sacrifiant l'unité matérielle à l'exposition complète de l'idée morale. Du reste les peintres de cette époque portent dans l'exécution un calme extrême; leurs figures ont peu de mouvement et offrent l'expression la plus simple. Rien de violent, de forcé, de théatral dans les attitudes et dans le maintien; rien d'apprêté dans la disposition. Le repos qui règne dans leurs ouvrages permet à l'âme de s'abandonner sans réserve au sentiment qui les a inspirés. Moins il y a de turbulence dans l'image, plus la pensée du spectateur se met aisément en harmonie avec celle du peintre. Tel est le secret de ce charme mystérieux que nous éprouvons à contempler les tableaux de cette école.

Parmi les maîtres flamands du XVe siècle, il en est un surtout qui a élevé l'art à une hauteur dont le regard le plus hardi s'étonne. C'est Hans (Jean) Memlinc, qui vécut dans la seconde moitié de ce siècle, et dont les magnifiques pages forment l'inappréciable trésor des collections brugeoises. Il faut avoir vu ces productions étonnantes pour concevoir jusqu'où peut être portée l'union de la force à la délicatesse, du sentiment poétique à l'exactitude minutieuse, de l'imagination à la patience, et du génie à la naïveté. Rien de plus varié, de plus étendu que ses compositions, et cependant l'unité morale y est si puissante qu'elle domine et rattache les unes aux autres toutes les parties de l'œuvre. Peut-être, dit M. Moke, le crayon seul pourrait-il esquisser quelques-unes de ces pages. Nous essayerons pourtant, ajoute-t-il, d'en donner une idée au lecteur, moins pour montrer le talent du peintre que pour faire apprécier en lui la profondeur de la pensée et l'effet puissant des combinaisons. Les vieux tableaux sur bois offrent presque toujours un ensemble de plusieurs panneaux qui se replient les uns sur les autres et se referment à la manière de nos armoires. Figurons-nous donc une caisse ainsi disposée n'ayant que quarante-sept centimètres d'élévation, et qui, lorsqu'elle est fermée, se trouve à peu près aussi large que haute. Tel est le cadre étroit où l'artiste a entrepris de représenter une des scènes les plus vastes et les plus importantes de l'histoire religieuse, l'adoration du Christ par les mages. L'étendue dont il pourra disposer n'égale pas même celle qu'exige le plus simple portrait; mais jamais peintre n'eut au même degré le don d'élargir l'espace. A peine a-t-on jeté les yeux sur les grisailles dont il a orné l'extérieur des volets que tout s'agrandit. D'un côté apparaît saint Jean-Baptiste au bord du Jourdain; de l'autre sainte Véronique avec le voile où la sueur sanglante du Sauveur a imprimé sa face auguste. Dans le lointain, Adam et Ève, chassés du paradis par l'ange au glaive de feu, nous rappellent la cause fatale des misères de l'homme, auxquelles le

Christ vient apporter un remède par le baptême et la passion. Nous parcourons ainsi d'un seul regard le cercle entier de la destinée humaine depuis la chute jusqu'à la réhabilitation. Image solennelle et grave, qui prépare le spectateur à s'incliner plus respectueusement devant le glorieux spectacle de la naissance du Christ et des hommages que l'Orient dépose à ses pieds. C'est par de pareils rapprochements que les grands poètes savent disposer l'âme aux émotions profondes : le génie de Memlinc avait-il découvert le même secret? Le tableau s'ouvre, et ce n'est pas une seule scène qui s'offre à nos regards, mais pour ainsi dire toute l'enfance du Sauveur. A gauche, les anges se prosternent autour de son berceau pendant la nuit ; au centre, il est adoré par les rois. Rien de plus simple que la première de ces trois compositions. Le fils de Marie est couché à terre et sa mère s'agenouille devant lui, tandis que les anges, suspendus à l'entour semblent le caresser de leurs ailes. Mais comme ces anges sourient à l'enfant divin ! comme cette mère est rayonnante de bonheur et de tendresse! et quel intervalle entre la joie qui semble inonder son cœur, et la pieuse mais tranquille satisfaction de saint Joseph, qui est accouru un flambeau à la main! Considérées à la loupe, ces diverses figures atteignent à peine la grandeur de celles dont les maîtres hollandais ont orné leurs plus petites compositions, et ainsi grossies elles paraissent encore d'une délicatesse inimitable. Le panneau qui se trouve à la droite du spectateur offre une scène de jour brillante de lumière et de chaleur. C'est la présentation au temple. Rien de plus vigoureux que l'image du pontife fortement éclairée et pleine de vie. La Vierge s'avance vers lui avec une sorte de fierté maternelle, tandis que la vieillesse d'Anne la prophétesse semble ranimée par le bonheur. Saint Joseph, toujours attentif, s'est muni des colombes destinées à l'offrande, et se hâte de les tirer de leur prison. Ce petit groupe, heureusement conçu, et d'une exécution admirable, est peut-être celui dont l'effet serait le plus vif, si l'artiste n'y avait été sobre de mouvement, afin de laisser mieux ressortir le sujet principal.

L'adoration des mages, qui occupe le centre du tableau, forme la scène dominante. Ce n'est pas que les personnages y soient plus grands et que la sainte famille y prenne un nouveau caractère; mais ces sages de l'Orient avec leurs barbes blanches et leur pompe souveraine, le Persan avec ses emblèmes sacerdotaux, l'Indien avec son armure d'or et sa face de nègre, tout captive à la fois la pensée et les yeux; c'est la puissance et la grandeur du monde aux pieds du Dieu enfant. Toutefois la pourpre royale n'est pas si largement déployée au sein de l'étable de Bethléem qu'elle nous cache la sainte pauvreté dans laquelle le divin rédempteur a voulu naître. Le toit de chaume, ouvert à tous les vents, enveloppe de son ombre cette scène triomphale et mêle à son éclat un mystère religieux. A l'entrée de l'humble asile, Memlinc a placé le portrait du donateur, frère Jean Floreins, boursier de l'hôpital, et qui en avait, dit-on, ouvert les portes au peintre inconnu, malade et sans abri. Vis-à-vis de cette physionomie pleine de douceur et de bienveillance se dresse, vers le fond du tableau, une figure pâle et encore souffrante; la tradition la désigne comme celle de l'artiste lui-même, qui, pour perpétuer le souvenir du bienfait et l'expression de sa reconnaissance, a voulu se représenter sous le costume des habitants de l'hospice.

Une autre de ces miniatures sublimes s'offre à nos regards en face de la première. Ce n'est plus ici un simple tableau, mais un reliquaire chargé de peintures sur toutes ces faces et dont la décoration a dû coûter plusieurs années de travail. La forme en est celle d'une église gothique, dont les ornements dorés encadrent une suite d'arcades et de médaillons. C'est là que Memling a représenté toute l'histoire de sainte Ursule et des onze mille Vierges que la légende lui donne pour compagnes. Six des panneaux qui entourent la châsse suffisent à cette composition religieuse, et pourtant chacun de ces panneaux n'a qu'un pied de largeur.

Le premier panneau nous montre Ursule et ses compagnes débarquant à Cologne où les ont amenées leurs vaisseaux. Nous les suivons ensuite le long du Rhin qu'elles doivent traverser, et dans la capitale du monde chrétien, où elles reçoivent la bénédiction du pape. Bientôt nous voyons le pontife lui-même se joindre à elles pour aller chercher la mort que Dieu lui annonce. Le Rhin, ce fleuve favori du poète et du peintre, nous ramène vers Cologne où l'armée païenne les attend : les vaisseaux sont arrêtés, le massacre commence. Chevaliers et vierges, tous succombent sous une grêle de flèches, et Ursule, restée la dernière, reçoit le coup mortel des mains du chef ennemi.

Voilà l'épopée que Memlinc déroule sous nos yeux, et loin que l'immensité de ce travail étonne ou fatigue son génie, la richesse de la composition, l'élégance du dessin, le fini des détails semblent augmenter à mesure qu'il avance dans sa tâche. L'image de ces chastes héroïnes se reproduit à chaque instant, avec une grâce, une candeur, une vérité toujours nouvelles. Le paysage est si fidèle que le voyageur reconnaît à l'instant les bords du Rhin et la Suisse; l'architecture si exacte qu'il est facile de nommer chacune des vieilles églises, dont les tours se dressent dans le lointain. La richesse éblouissante des costumes et des armures dont l'artiste s'est plu à revêtir ses personnages ne fait que relever la noblesse du style et la vigueur de l'expression. La pose, les traits, les regards, tout parle; depuis la foi sublime et la candeur virginale jusqu'à l'obéissance stupide et la barbarie farouche, chaque nuance de sentiment est traduite avec la même précision. C'est un sujet continuel d'étonnement que cette composition si poétique rendue avec une fidélité si patiente; car jamais œuvre humaine ne fut travaillée plus minutieusement. Vous croyez entrevoir aux flancs d'une cuirasse deux taches obscures; armez votre œil d'un verre grossissant et vous reconnaîtrez dans ces points sombres l'image de la sainte et celle du meurtrier, qui viennent se réfléchir sur l'acier poli. Vous découvrez dans l'éloignement une maison dont les fenêtres transparentes laissent apercevoir l'intérieur. Une femme y est en contemplation avec une vision céleste; cette femme, vous l'avez déjà reconnue, c'est Ursule. Mais cherchez à distinguer le groupe lumineux qui vient de lui apparaître et que vous prendriez pour un nuage de pourpre et d'or, vous y discernerez bientôt ses compagnes, le pape, les chevaliers chrétiens destinés à partager son martyre, et elle-même tenant en main la flèche qui l'immolera. C'est un tableau tout entier qui se cache dans cette étroite étendue, et que le regard s'effraye d'y découvrir.

Et cependant ce n'est pas là que Memlinc s'est montré le plus admirable. Voyez, dit l'illustre critique français M. Vitet, voyez ce triptyque, dont les figures sont au moins six fois plus grandes que celles de la châsse. Le sujet du panneau principal est le mariage mystique de sainte Catherine. L'ordonnance est austère et le ton solennel, comme les arceaux gothiques sous lesquels nous sommes introduits. La sainte qui reçoit l'anneau de la main du divin enfant est à genoux devant lui, au pied du riche dais, sous lequel sa mère est assise. En face d'elle est sainte Barbe qui tient un livre d'heures à la main et semble lire à haute voix. Toutes deux sont vêtues comme les grandes dames de la cour de Bourgogne. Des deux côtés du dais, deux anges aux ailes déployées sont les témoins du mariage, et derrière eux, debout, en méditation respectueuse devant le mystère qu'ils contemplent, deux nobles figures de saints, les deux saints Jean, patrons de l'hôpital et du peintre lui-même. Sur la face intérieure des volets, encore les deux saints Jean : l'évangéliste, d'un côté, dans l'île de Pathmos ; de l'autre, le précurseur mis à mort ; à l'extérieur enfin, des figures peintes plus librement, avec moins de recherche, mais peut-être plus vraies et plus nobles encore ; deux frères de l'hôpital à genoux, en prière, sous l'assistance de leurs patrons, saint Jacques et saint Antoine ; puis, vis-à-vis, deux sœurs hospitalières, agenouillées et protégées par sainte Claire et sainte Agnès, deux têtes admirables dont il est impossible de décrire l'ineffable expression. C'est dans cette grande page que Memlinc apparaît sous son aspect le plus puissant et le plus original. On ne veut plus quitter le mariage de sainte Catherine quand une fois on y revient ; on s'y attache, on s'en pénètre ; sans cesse on y découvre quelque chose de plus. C'est une de ces symphonies qui semblent plus nouvelles à mesure que l'oreille les entend plus souvent.

Il est pourtant à Bruges un triptyque aussi dont le faire est peut-être supérieur aux autres ouvrages de Memlinc. C'est une étude de haute psychologie dans un délicieux tableau. Les figures, sans être des plus grandes, sont d'une proportion qui permet de tout exprimer. Le sujet du panneau central est le divin baptême dans les eaux du Jourdain. Le Jourdain coule dans de vastes prairies; il est limpide et profond. La tête du Sauveur, surtout son corps, laissent à désirer. Mais le saint Jean, quelle sublime figure! quelle sainte humilité! quelle austère composition dans ces traits amaigris! quel regard soumis et prophétique! Puis, vers le premier plan, voyez cet ange qui vous tourne le dos, à genoux sur le bord du fleuve, préparant le précieux tissu qui, tout à l'heure, au sortir des eaux, va couvrir le corps du Sauveur. Avec quelle attention, quel respect, quelle joie il accomplit son mystère! Cet ange est une des belles figures qui aient jamais été peintes. Sa tête, sa chevelure, le riche vêtement, la chape pontificale qui couvre ses épaules, tout est exécuté avec une hardiesse et une perfection que Jean Van Eyck lui-même a rarement égalées. Et maintenant regardez les volets, votre admiration va peut-être s'accroître : vous n'y trouvez pourtant que de simples portraits, un père et un fils d'un côté, une mère de l'autre, avec ses quatre filles ; mais ces figures agenouillées sont disposées avec tant d'art dans un fond de paysage qui va se rattachant aux rives du Jourdain, elles encadrent si bien la scène principale en même temps que par leur ferveur elles y sont associées, ces jeunes filles ont des regards si limpides et si modestes, leur mère les recommande à Dieu de si bon cœur, le père est si loyal et le fils si honnête, ils sont tous à la fois si pleins de vie et si bien vus sous leur noble aspect, que cette simple scène de famille s'élève à la hauteur d'un poétique tableau. Il n'y a pas jusqu'aux arbres, aux rochers, aux gazons qui ont aussi ce double caractère de vérité et de noblesse. Que manque-t-il à ces grands hêtres s'élevant en bouquet dans cette gorge de rochers ? Quel détail, quel brin d'herbe le peintre a-t-il oublié ? et cependant quelle harmonie ! Le grand Ruysdael et Hobbema lui-même, ce merveilleux faiseur de feuilles, ont-ils mieux compris la nature ? Qu'ont-ils fait de plus vrai, de plus mystérieux, de plus rêveur que cet intérieur de forêts ?

Terminons par ces paroles de M. Vitet : « Memlinc c'est un de ces artistes qui sont de tous les siècles. Son temps ne lui impose qu'une enveloppe transparente qui laisse percer son âme. Sous un autre costume, c'est l'âme de Le Sueur : même famille et même sang. Comme le peintre de Saint-Bruno, l'auteur des triptyques de Bruges connaît à fond tous les mystères des cœurs que la grâce a touchés. Sur les visages de ses saints on lit ces joies du ciel et ces tristesses de la terre dont nous verrons aussi l'ineffable mélange dans la figure de nos chartreux. C'est la même onction, la même humilité. Je ne sais quoi de chaste, de modeste et de tendre. Aussi quel ami que ce peintre ! Comme son souvenir vous charme et vous nourrit! Quelle douces pensées il entretient en vous! Comme il vous initie à la puissance de l'art! Pour moi, je ne sais rien qui m'ait déterminé plus vivement dans ma jeunesse à tenter de comprendre le langage des arts que ma première visite à l'hôpital de Bruges. J'aimais la psychologie, je la croyais ma vocation; j'appris là qu'on en pouvait faire devant l'œuvre d'autrui d'une façon plus attrayante qu'au dedans de soi-même; j'entrevis les perspectives infinies qu'un peintre peut ouvrir, tout ce qu'il sait dire de l'âme humaine et du monde idéal. D'autres ont sans doute, en parlant ce langage, de plus parfaits accents : dans la famille des grands peintres, il est des génies plus complets, plus sublimes; il en est de plus souples et de plus gracieux; mais des révélateurs plus vrais et plus directs de l'intérieur des âmes, je n'en ai guère trouvé.

CHAPITRE XX.

TABLEAU DE LA BELGIQUE VERS 1470 — LA STATUAIRE. — LA MUSIQUE : GUILLAUME DUFAY, JEAN OCKEGHEM, JEAN LE TEINTURIER, JEAN REGIS.

L'UNIQUE monument que la sculpture nous offre à Bruges pendant le XVe siècle est un morceau que l'on croirait exécuté par Memlinc lui-même, si l'absence de tout témoignage historique permettait de lui faire manier tour à tour le pinceau et le ciseau. C'est une statuette en bois, d'à peu près deux pieds de hauteur, exécutée dans le goût des figures de saintes de cet illustre artiste, et qui peut encore exciter notre admiration à côté de ses plus merveilleux ouvrages. Au premier coup-d'œil on croirait qu'elle représente la Vierge, et elle la rappelle en effet par sa noblesse et sa simplicité, mais le manque de couronne et l'absence de l'enfant divin repoussent cette interprétation. Le seul attribut qui la caractérise est un groupe de mortels réunis à ses pieds, et qui semblent trouver un abri protecteur sous les plis de son manteau. C'est de cette manière qu'on représentait sainte Ursule, et sans doute cette œuvre admirable n'eût pas déparé l'autel où sa châsse était exposée. Comme les figurines qui ornent cette châsse, elle a passé des mains du sculpteur dans celles du peintre : un pinceau délicat a donné aux étoffes la livrée du ciel et aux chairs la nuance de la vie, comme si la sainte ne devait s'offrir aux yeux de la foule que rayonnante d'un double éclat.

L'église de Saint-Pierre à Louvain possède un monument précieux de la sculpture du XVe siècle en Belgique, c'est la statue en bois de Notre-Dame, siège de la sagesse. Cette œuvre, vraiment remarquable, fut exécutée en

1441 par Nicolas De Bruyn, de Bruxelles, à qui elle fut payée vingt saluts d'or.

A la même époque appartient un mausolée remarquable par la richesse et la perfection du travail, mais où brille plutôt la main de l'ouvrier que le génie de l'artiste. Nous avons eu l'occasion d'en dire un mot précédemment. C'est le tombeau de Marie de Bourgogne, exécuté peu de temps après la mort de cette princesse. Suivant l'usage antique, l'image de la duchesse est couchée sur un socle de marbre et dans l'attitude du repos. Mais autant cette première donnée était simple, autant les anciens statuaires avaient su mettre de grandeur et de variété dans les accessoires. Ainsi Claus Sluter et les deux imagiers, ses compagnons, ne s'étaient pas contentés, au commencement de ce siècle, de creuser le pourtour de la tombe de Philippe le Hardi pour en faire sortir une quarantaine de figures ; ils avaient encore groupé autour du mort deux anges majestueux qui semblaient abriter sa tête de leurs ailes. Rien de pareil dans le monument de la duchesse : pas d'emblème, pas une seule figure allégorique. L'image en cuivre doré de la princesse a pour seuls attributs ceux de son rang. Les côtés du tombeau nous présentent à droite et à gauche les deux souches paternelle et maternelle de la défunte déroulant leurs rameaux chargés d'écussons. Trente-six anges, répartis çà et là parmi les branches et les feuillages de l'arbre héraldique, servent pour ainsi dire de support à cet amas d'armoiries symétriquement disposées. Tout l'ouvrage est en cuivre doré, et l'émail le plus fin remplace les couleurs. Considérée comme œuvre d'orfèvrerie, la sculpture en est admirable, mais rien ne s'adresse au cœur ni à l'imagination. Tout ce qu'offre de touchant le souvenir de cette jeune princesse, si bonne et si malheureuse, disparaît sous les froides marques de sa grandeur éteinte.

Nous ne pouvons passer entièrement sous silence un art où nos compatriotes tinrent sans contredit le premier rang pendant cette période. Le grand mouvement musical qui se manifesta vers le milieu du XVe siècle partit en très grande partie de la Belgique; ce fut elle qui envoya en Italie une foule de chanteurs et de compositeurs employés dans les chapelles et dans les cours des souverains du temps. Le premier nom qui s'attache à la renaissance de la musique est celui de Guillaume Dufay, de Binche. Il fut attaché, comme ténor, à la chapelle pontificale de Rome en 1380, et demeura en possession de cet emploi jusqu'en 1432, l'année où il mourut dans un âge très avancé. On est unanimement d'accord que Dufay fut l'auteur d'importantes innovations dans la notation musicale et dans l'harmonie. Les archives de la chapelle pontificale conservent plusieurs messes de Guillaume Dufay, intitulées : *Ecce ancilla Domini; L'Homme armé; Se la face ay pale; Tant me déduis.* Les ouvrages de ce maître, dit un musicologue, n'offrent plus de succession de quintes; les accords consonnants y sont bien enchaînés. Deux nouveautés se font remarquer dans ses compositions : la première consiste dans les repos qui s'introduisent dans les parties; la seconde est le *canon*. On appelait de ce nom une règle imposée au compositeur, comme la répétition d'une seule phrase à une partie. A l'égard de l'harmonie, Dufay ne paraît pas y avoir attaché plus d'importance que les harmonisateurs qui l'avaient précédé. Ses messes sont toutes écrites sur des motifs empruntés aux chansons populaires ou sur quelque phrase de plain-chant. L'harmonie est le seul objet qui semble avoir attiré son attention. Il fut le premier qui composa une messe entière sur une chanson célèbre et connue depuis longtemps sous le nom de *L'Homme armé*. Pendant tout un siècle, un grand nombre d'autres musiciens prirent, à son exemple, cette chanson pour modèle de leur musique d'église. Outre ses compositions religieuses, Dufay nous a laissé des chansons, écrites sur des paroles françaises et remarquables par la pureté de l'harmonie. Gilles de Binche, Vincent Fauquis, Eloy et Brassart furent les contemporains et les élèves de ce maître, qui fut le plus célèbre musicien de son temps.

Un autre Belge tint, après lui, le sceptre de son art. Jean Ockeghem paraît être né à Bavai en 1430 ; il fut premier chapelain du roi de France Charles VII, puis chantre et trésorier de Saint-Martin de Tours, et mourut dans cette dernière ville vers 1512. Ockeghem porta plus avant que ses prédécesseurs la science de la composition; son harmonie est plus riche; il a davantage l'art de disposer ingénieusement les parties, sans les faire sortir de leurs limites naturelles. S'il ne fut pas l'inventeur du canon, comme on l'a prétendu, il composa les siens avec une facilité et un naturel inconnus à ceux qui en avaient écrit avant lui. Ockeghem donna son nom à cette seconde période de l'art musical du XVe siècle, et forma d'excellents élèves, parmi lesquels il faut citer Josquin Deprès. Hennuyer de nation, au témoignage de Ronsard, et la gloire de l'âge suivant, Brumel, Agricola, Compère et Pierre de la Rue.

Vers 1435, la ville de Nivelles avait vu naître un musicien richement doué par la nature et qu'on peut considérer comme le plus grand théoricien de son époque : c'était Jean le Teinturier, appelé par ses contemporains Tinctor ou Tinctoris. L'Italie l'avait accueilli de bonne heure, et Ferdinand d'Aragon, roi de Naples et de Sicile, lui avait conféré le titre de maître de sa chapelle. Tinctor eut la gloire de fonder à Naples la première école de musique de cette ville, et l'on pourrait dire la première de l'Italie entière. Théoricien et compositeur en même temps, il enseigna la règle et en montra l'application. Il a beaucoup écrit, mais un seul de ses ouvrages a été publié ; c'est un dictionnaire des termes de musique usités au XVe siècle, et intitulé : *Terminorum musicae definitorium*. On y trouve des définitions claires et précises de tous les mots du vocabulaire de la langue musicale, ce qui est extrêmement utile pour l'intelligence des anciens traités. Les travaux de Tinctor se rapportent aux parties les plus diverses de l'art ; il n'est, pour ainsi dire, aucune des branches de la musique de son temps, sur laquelle il n'ait écrit un traité spécial. Le recueil de ses œuvres se trouve parmi les manuscrits de la bibliothèque de San Salvador à Bologne.

Avant Tinctor, un Belge avait déjà réuni en un corps de doctrine l'ensemble des règles de la composition suivies par les compositeurs italiens. Ce Belge était un moine de la chartreuse de Mantoue, appelé Jean, *Joannes Carthusianus*. Il était né à Namur, et avait étudié le chant comme on l'étudiait dans tous les monastères. Il devint en Italie l'élève de Victorin de Feltre, qui compléta son éducation théologique et musicale. L'ouvrage dans lequel Jean le Chartreux a consigné les observations recueillies par lui porte pour titre : *Libellus musicalis de ritu canendi*.

Vers l'époque où Tinctor habitait l'Italie, un musicien belge, Guillaume Guinaud, dirigeait la chapelle de Louis Sforce, duc de Milan. Tinctor lui donna une marque de son estime, en lui dédiant un de ses traités. Le premier chantre de Sforce était brabançon, et s'appelait Simon a Quercu (Duchêne ou Van Eyck). Le duc de Milan le chargea d'accompagner à Vienne, auprès de l'empereur, ses deux fils Maximilien et François-Marie. Simon a Quercu publia, en cette dernière ville, un opuscule aujourd'hui très rare. On ne connaît aucun détail sur la vie de Jean Régis (De Roi ou

Konincx), autre musicien belge établi en Italie. Tinctor en fait l'éloge dans le prologue de son Proportionale, et l'on conserve des compositions de ce maître dans les archives de la chapelle pontificale. Plusieurs motets de Jean de Roi ont été publiés dans les recueils imprimés par Petrucci de Fossombrone.

CHAPITRE XXI.

LA LITTÉRATURE EN BELGIQUE AU XIIIme, XIVme ET XVme SIÈCLE.

Les belles-lettres avaient été cultivées de bonne heure en Belgique. Grâce à la protection éclairée des comtes de Flandre et de Hainaut, grâce à celle des ducs de Brabant, l'histoire et la poésie, surtout dans la satire, avaient produit de nombreux et remarquables ouvrages dans les deux idiomes parlés dans nos provinces.

Baudouin IX de Constantinople aimait les lettres, comme Philippe d'Alsace les avait aimées. Parmi les seigneurs les plus puissants de sa cour, on trouve deux poètes Quesnes de Béthune et Pierre de Douai. Cette époque avait été féconde pour la Flandre en travaux poétiques. Aux premières années du XIIIme siècle, appartiennent le roman de Gérard de Nevers, par Gilbert de Montreuil ; celui de Guillaume d'Orangé, par Guillaume de Bapaume ; le roman d'Eracle l'empereur, par Gauthier d'Arras ; du chevalier Vaillant et des deux filles de Blondel de Luxembourg, par Jacques Bertaut ; d'Anséïs de Carthage et de la cour de Charlemagne, par Gandor de Douai qui acheva aussi le roman du chevalier au Cygne, consacré aux exploits de Godefroid de Bouillon, et la fin de Perceval, par Manessier.

Lorsque le sire de Dampierre, né dans ce pays de Champagne illustré par les chants du comte Thibaut, épousa la comtesse de Flandre, les délassements poétiques qu'avaient longtemps interrompus les malheurs de Jeanne et de Marguerite, se ranimèrent de toutes parts. C'est à ce moment qu'il faut rapporter la fondation de l'école des ménestrels qui existait à Bruges, près de l'enclos des Carmes.

Guillaume de Dampierre, qui termina si prématurément au tournoi de Trazegnies une vie déjà illustrée par la croisade d'Egypte, aimait les poètes comme son père. Ce fut à la prière de ce prince que Marie de France composa ses fables ésopiennes, chef-d'œuvre de naïveté et de grâce. Après la mort de son frère, Guy de Dampierre protégea avec la même générosité les trouvères et les ménestrels. Toutes les villes de Flandre eurent alors leurs poètes. Nous citerons Mathieu de Gand, — Gilbert de Courtrai, — Pierre de Gand, — Jacques de Cysoing, — Alard de Cambrai, — Jacques d'Hesdin, — Baudouin de Condé, — Durand de Douai, — auteur du fabliau des *Trois bossus*, — Jean Bodel et Jean Bretel d'Arras, fameux l'un et l'autre par leurs jeux partis.

Un nouveau genre de poésie fut surtout populaire en Flandre à partir de cette époque : c'est la satire revêtue d'une forme allégorique pour mieux voiler ses traits les plus hardis. Elle représenta, dans les différentes branches du roman du *Renard*, par les aventures de son héros *Le Goulpil* et d'*Isengrin le Loup*, toutes les passions et tous les ridicules de la société contemporaine. Jacquemart Giélée, de Lille, écrivit *Le Renard le Nouvel*, et Marie de France, *Le Couronnement du Renard*. Lorsque Guillaume Uutenhove publia en flamand, à la fin du XIIIe siècle, son *Reinaert de Vos*, il imitait des modèles plus anciens écrits dans la même langue.

Le plus grand écrivain flamand de l'époque est Jacques Van Maerlant, né à Damme en 1235, mort en 1300.

L'illustre greffier de Damme, le père de la poésie flamande, joignait à une application infatigable au travail, à des connaissances très étendues, un esprit élevé et pénétrant, et les plus heureuses dispositions pour la poésie. Ses œuvres sont aussi nombreuses que variées. Il a composé un roman du *Renard*, resté manuscrit à la bibliothèque nationale de Paris; — une Bible rimée, *Rijmbijbel*; — un Miroir historique, *Spieghel historiael*; — un Bestiaris ou *der Naturen Bloeme*, le plus ancien traité d'histoire naturelle qui existe en flamand; — *de Heimelycheit der heimelycheit*, ou Mystère des mystères, qui renferme des maximes de morale attribuées à Aristote, enfin un *Wapen Martin*, poème dialogué et en strophes, le plus original de ses ouvrages, où le poète a su unir le ton léger de la satire à l'enthousiasme lyrique de l'ode.

Le goût de l'histoire propagé par le greffier de Damme se retrouve dans Melis Stoke *(Rijmkronijk)*, et deux continuateurs du *Spieghel historiael*, Filips Utenbroeke, de Damme, et le curé Lodewijk Van Volthem. Mais le plus hardi représentant de la nouvelle école fut Jean Van Boendaele, né à Tervueren en 1285. Ses parents, qui étaient riches, le firent élever avec soin pour le service de l'église. Il devint l'ami de Rogier Van Leefdale, drossart et chancelier de Brabant auquel il dédia plus d'un poème. En 1310, n'ayant reçu que les ordres mineurs, il fut nommé premier clerc du banc des échevins d'Anvers, et, depuis ce temps, ne fut plus connu que sous le nom de *Jan de Clerc*. Il mourut octogénaire en 1365, après avoir travaillé toute sa vie à faire prévaloir le génie de Van Maerlant qu'il appelait son maître. Son génie à lui, de bonne heure éveillé par la pratique des affaires, le porta vers l'histoire nationale. Dès 1310, on le voit occupé à préparer ses *Brabantsche Yeesten*. Cette « geste, » qu'il n'acheva qu'en 1350, est des plus remarquables. Dans une langue plus claire encore que celle de Van Maerlant, il s'inspire de la liberté et de l'importance acquise par nos provinces. Un rhythme encore tout germanique qui ne s'astreint qu'aux syllabes accentuées, s'harmonise à merveille avec ce style. Les mêmes sentiments de fierté nationale animent les autres ouvrages de Boendaele : *Van den derden Edwarde*, où il célèbre ce brillant roi d'Angleterre aussi aimé en Wallonie qu'en Flandre, et dans lequel il n'oublie pas, dans son enthousiasme, le plus bel acte de la politique de van Artevelde, la ligue entre les communes belges conclue le 3 décembre 1339; — *Jan's Teesteye* (témoignage de Jean), dialogue satirique qui nous révèle toute la liberté du véritable esprit flamand. Avec une audace qui caractérise l'époque, le secrétaire communal n'épargne personne. Ce dialogue si original et si franc se termine par une émouvante paraphrase du *Dies irae;* — le *Leeken-Spieghel* (miroir des laïques) est le chef-d'œuvre de Boendaele, en même temps que de l'école didactique. En quatre chants, dont chacun avait coûté une année, le poète résume toutes les doctrines nécessaires aux bourgeois devenus souverains. Jamais en Belgique on n'a mieux compris ni mieux pratiqué le devoir social de la poésie. Elle n'est plus un jeu. Les citoyens, *(poorters)* pour mériter leur fortune nouvelle, doivent être instruits, honnêtes et courageux. Il faut, avec Van Maerlant, repousser les romans énervants du midi, et s'en tenir à la robuste poésie du travail, du devoir et de la loyauté domestique.

Un des principaux disciples de Jan Boendaele fut Jan de Weert, clerc en « *cirurgie* » à Ypres vers 1350. Il composa un dialogue satirique « *Disputacie Van Rogier ende Van Janne.* » On y trouve ce mélange, alors si fort en vogue, de théologie et de critique sociale.

Une épopée des plus vivantes, des plus originales, *De Grimbergsche Oorlog*, semble accuser une réaction triomphante. Le trouvère inconnu auquel nous devons ces 13,000 vers à quatre syllables accentuées, annonce qu'il chantera des prouesses, des assemblées brillantes et des exploits de bonne chevalerie. Mais on le voit bientôt, comme Van Maerlant, attaquer les ménestrels qui choisissent des fables bizarres au lieu de raconter l'histoire du pays. Quant à lui, il a voulu célébrer la longue résistance des sires de Grimbergen contre les ducs de Lothier et de Brabant qui représentent la suzeraineté de l'empire germanique.

Cette vivacité dramatique des narrations se retrouve dans le poème de la *Bataille de Woeringen*. L'auteur, Jan Van Heelu, était un ardent patriote, né à Léau. Devenu moine, il accompagnait, en qualité de héraut d'armes, le victorieux duc Jean Ir, ce prince si célèbre aussi par ses poésies flamandes ! Comme le chantre de Grimbergen, Van Heelu excelle à éveiller la sympathie pour les vaincus comme pour les vainqueurs ; mais, la place d'honneur est toujours réservée au brillant duc de Lothier, précurseur des grands ducs d'Occident.

Dans nos provinces, on remplaça dans les chroniques le latin par la langue vulgaire. Baudouin V, comte de Hainaut, avait offert la chronique de Turpin à sa sœur, qui la fit mettre en langue romane, « parce que, dit le traducteur, tel se plaira au roman qui du latin n'a cure. » Le fils de ce prince, Baudouin de Constantinople, avant de partir pour la croisade en 1202, ordonna de rédiger une chronique universelle en français. Les grandes chroniques de Saint-Denis n'étaient pas commencées alors. L'histoire de cette croisade sera racontée par Villehardouin, dont Henri de Valenciennes sera le continuateur.

Les d'Avesnes suivirent ces traditions, et un des petits-fils de Baudouin de Constantinople écrira des chroniques célèbres qui portent son nom : *Baudouin d'Avesnes*.

L'histoire fut d'abord rimée. Elle continuait les chansons de geste. Avant Jean le Bel, de

Liège, nous avons Philippe Mouskes et sa longue chronique en vers. L'auteur, né à Tournai, en devint évêque et y mourut en 1282. Sa chronique s'étend des origines troyennes de la France jusqu'à 1240. Les faits contemporains y sont rimés, sans art, mais avec une notable vérité historique. D'autres trouvères rimeront des épisodes de nos annales, comme la bataille de Crécy, par Colin de Hainaut; comme l'épisode que Muisis intercala dans sa chronique latine, et qui fut rimé par Jean de Beaumont. Aucun n'a traité en vers une œuvre aussi considérable, sauf peut-être Jean Desprez, d'Outremeuse, moins exact, qui fit une double rédaction de sa chronique liégeoise, l'une en prose, l'autre en vers. (1338-1400).

Le maître de l'époque que nous traitons est Froissart. Mais Froissart eut un guide et un modèle. Quand Jean de Beaumont fit appel aux chevaliers pour aller défendre le jeune roi d'Angleterre, Edouard III, le futur époux de Philippine de Hainaut, il vint du pays de Liège un Seigneur Chanoine, messire Jean le-

Bel. Nourri de la lecture des romans de chevalerie, Jean le Bel dut trouver chez Jean de Beaumont les chroniques de Baudouin d'Avesnes : puis, après avoir été mêlé aux évènements de son temps dont la scène s'élargit, il rentra à Liège, comblé de biens, pour y vivre dans le faste jusqu'à l'âge de 80 ans. Cet homme, qui marchait à l'égal des princes, entra d'un pied sûr dans l'histoire et son génie créateur put s'y exercer à l'aise. Il avait une haute idée de son art. « Hystoire est noble, » dit-il ; il eut ce style ferme de l'homme maître de lui et supérieur aux passions des autres. Tout ce qu'on admire dans les premiers livres de Froissart est de lui, et quand Villemain en cite des épisodes où il le trouve supérieur à Tite-Live et digne d'Homère, ses éloges remontent à Jean le Bel.

La Grande Chronique de Jean le Bel s'arrête à 1361. Froissart la continua jusqu'en 1400. Mais que d'évènements en ces quarante années et quel développement donné à ces premiers livres ! Froissart y devient le génie de l'histoire.

Il était fils d'un bourgeois de Valenciennes.

Né en 1337, il dut conquérir son canonicat de Beaumont par toute une vie de travaux. Cette vie, après une jeunesse vouée à la poésie, qu'il traita avec facilité, fut consacrée aux recherches et aux écrits historiques. Froissart est toujours en voyage pour se faire raconter les évènements, en visiter le théâtre, en retrouver les traces, les détails, les discours. Ses chroniques, plusieurs fois écrites, souvent corrigées, se répandirent et l'imprimerie les multiplia, tandis que l'œuvre de son maître, presque perdue, restait ignorée. Elle ne fut retrouvée qu'en 1861.

Walter Scott appelait Froissart son maître! Et en effet il l'a suivi dans ces grandes suites de scènes bien enchaînées qui sont de véritables drames, d'une variété, d'une vigueur, d'une vérité admirables. — Lisez, par exemple, Ivanhoë. — On a comparé Froissart à Homère et à Shakespeare; il comprend et fait revivre les hommes comme l'un et l'autre, et il possède cet art de mettre les faits en scène qui caractérise le théâtre; mais l'histoire permet au drame de se développer autant que les évènements, et Froissart n'est pas seulement romancier, poète ou auteur dramatique, il est historien, il remonte aux causes même économiques, explique les faits et cherche les résultats. Il n'aime pas les communes, mais il les fait agir comme aucun écrivain ne l'a fait, et nul ne les a glorifiées ainsi. Est-il rien de grand comme tout ce qu'il raconte de Jacques van Artevelde, puis de la lutte qu'engage Jean Yoens et qui se termine par la défaite de Philippe van Artevelde à Roosebeke? Il voulait faire de ce dernier tableau une chronique séparée; mais quand il eut montré les communes de Belgique et de France et le commerce du monde entier intéressé à la cause flamande, il le remit à sa place dans l'histoire générale du XIVe siècle. Est-il rien de charmant parfois comme les épisodes, les paysages, les petites scènes de mœurs, les conversations privées qu'il mêle à ses récits et qui animent l'histoire en la plaçant dans la vérité des choses humaines? Jean le Bel lui donna le ton, le genre, le style : Froissart y ajouta le génie dramatique et fit un chef-d'œuvre!

De Froissart nous passons à Chastelain, chroniqueur verbeux et pompeux, solennel, obscur souvent à force d'allégories fines et de distinctions subtiles. Mais ce n'est pas un sot : il pense, il juge, il voit clair, il est impartial. Michelet dit de lui : « Chastelain est un grand et éloquent historien. »

Monstrelet est de même : « Sa narration est diffuse, mais claire, dit Dacier ; » puis l'écrivain français ajoute ce noble éloge : « l'humanité était le fond de son caractère. »

Olivier de la Marche est un autre chroniqueur, écrivain élégant, qui sait si bien nous représenter les fêtes brillantes et les pompes de la cour de Philippe le Bon.

Jacques Du Clercq nous fait connaître le revers de la médaille : l'oppression des classes bourgeoises, la misère du pays, et tous les désordres qui arrivaient à la suite du laisser-aller de Philippe le Bon pour ses favoris.

Toutes ces chroniques comptent dans l'histoire ; elles ont atteint leur but, plus politique que littéraire, plus historique qu'artistique. Elles voulaient faire entendre la vérité en dépit des vainqueurs et au-dessus des luttes du temps, et elles essayaient de former de nos provinces une nation dont on pût dire aussi que l'humanité est le fond de son caractère.

Du XIIe à la fin du XIVe siècle, la poésie, nous l'avons vu, produisit dans le Hainaut, la Flandre, le Brabant, l'Artois un grand nombre d'écrivains qui ont été regardés comme les meilleurs de leur temps. Cela tient surtout à l'influence des cours de Hainaut, de Flandre, de Brabant, auxquelles on ne peut négliger d'ajouter l'évêché de Liège.

Henri III, duc de Brabant, cultivait la poésie française; il nous est resté de lui quelques morceaux d'une grâce, d'une fraîcheur singulière dans leur vieux langage; ce qui honore surtout ce prince c'est d'avoir été le Mécène de l'un des plus grands poètes du temps, Adam ou Adenès le Roi. Ce trouvère, qui offre des qualités de style qu'on ne rencontre point chez les poètes qui l'ont précédé, naquit en Brabant vers l'an 1240, il a lui-même résumé son enfance dans ces vers :

Menestrel au bon duc Henri
Fui ; cil m'aleva et norri
Et me fist mon mestier apprendre....

Après la mort de Henri III, Adenès trouva une protectrice dans la princesse Marie de Brabant qui, devenue reine de France, l'appela à Paris en 1274. Le poète demeura attaché à la cour de France au sein de toutes les faveurs. Voici les noms de ses principaux ouvrages :

Ogier le Danois, — Li Romans de Berte aux grans piés, — Aymeri de Narbonne, — Guillaume au cornés (court-nez), — Le siège de Barbastre et enfin Cléomadès.

Adenès ne saurait avoir écrit moins de deux cent mille vers ; cette fécondité faisait l'admiration de ses contemporains.

Le duc Jean Ier, comme son père Henri III, cultivait les lettres d'une façon si distinguée que l'on voit plusieurs de ses œuvres poétiques figurer avec honneur au milieu des chants célèbres des poètes allemands au moyen-âge, si connus sous le nom de *minnesingers* !!

Ainsi la tentative d'unifier notre patrie, l'honneur de la maison de Bourgogne, donna l'impulsion aux arts comme à la littérature. Le siècle de Louis XIV n'a pas mis plus d'ardeur à s'emparer de l'ensemble du champ littéraire. Mais le goût est autre, et pour retremper le langage, on n'a pas encore la compréhension du génie antique. Mais quelle prodigalité d'idées et de formes ! Quelle recherche du beau et du grand ! Quelle abondance d'efforts pour former deux choses : une vie nationale et un art littéraire ! Les imprimeurs sont auteurs ; les diplomates, les jurisconsultes, les musiciens font des vers. Des évêques sont poètes comme Jean Bourgeois et Jean de Marvis ! C'est l'époque des *puys* de rhétorique ; il y en a partout. La renaissance rendra ce mouvement plus actif, et ces écrivains forment une opinion publique : ils se mêlent à la vie du temps, à l'histoire du pays, aux pompes de la cour ; ils ne laissent passer aucun fait sans le juger, le débattre, le célébrer, le mettre en scène ou le marquer dans l'histoire. Les satires ne manquent pas plus que les panégyriques, et les conseils aux souverains non plus que les éloges; mais ces *actualités* ne suffisent pas; en cherchant à influencer le présent on pense à éclairer l'avenir; on vise à la postérité, et l'ensemble de ces efforts constitue une société puissante, propre à fonder une nation! On sent que flamands et wallons forment un peuple qui veut penser avec son cerveau et sentir avec son cœur!

APPENDICES.

APPENDICE I.

I.

A Lempereur.

Remonstrent très humblement les commis et solliceteurs de l'exécution du testament de feu de tressainte mémoire le pape Adrian comment en son vivant il avoit résolu et délibéré de ordonner en vostre ville de Louvain en pays de Brabant certain collège où seroient receuz, nourriz, eslevez et endoctrinez ung certain nombre de povres estudians en la sainte théologie pour l'exaltacion de la foy crestienne et catholicque, et pour le furnissement des fraitz à ce nécessaires doter et asseurer ledict collège de deux mil ducatz de rente, et vous eust par pluiseurs foiz supplié et requiz de lui voulloir accorder vostre ottroy et consentement de povoir faire l'acquisicion de ladicte rente en voz pays de Brabant, Haynnau et autres à l'environ, ce que pluiseurs foiz lui eussiez assez promis de faire, et à ceste fin escript voz lettres à Madame, vostre tante, régente et gouvernante, de lui en despeschier voz lettres patentes à ce pertinentes. Néantmoins avant avoir accomply sadicte bonne et salutaire intencion il a pleu à nostre seigneur de l'appeller à lui sans avoir levé ne obtenu vosdictes lettres de congié et licence. Mais par sondict testament de dernière volunté a très instamment chargé et requiz ausdicts supplians de entendre à l'accomplissement dudict collège, et pour ce faire et furnir, délaissé aucuns biens. Et si a nostre saint père moderne loué et aprouvé ledict testamment espécialement pour ladicte fundacion et y ordonner aussi certains biens. Ce nonobstant lesdicts supplians doubtent que, soubz umbre que ledict feu saint père Adrian ne a obtenu voz lettres de congié et licence avant sondict trespas, ne icelles mises à effect, voz officiers de justice, de recepte et autres de vosdicts pays ne leur bailleroient trouble, contredit et empeschement à faire lesdictes acquisicions pour la construction, dotacion et entretenance dudict collège et ce qui en deppend sans sur ce avoir vosdictes lettres de congié, licence, ottroy et consentement à ce requises. A laquelle cause lesdicts supplians, lesquelz pour l'honneur dudict feu saint père désirent eulx acquiter en leurdicte cherge, ainsi que adstriction de léaulté et conscience ilz sont tenuz de faire et en faveur des services que ledict saint père vous a faitz, et en perpétuelle mémoire de son nom et élection faicte lui estant en vostre service : Affin aussi que soyez participant aux bonnes et saintes euvres pieuses et salutaires qui pourront sourdre pour l'érection dudict collège à l'augmentacion de ladicte foy catholicque, ilz vous supplient très humblement qu'il vous plaise leur consentir et accorder voz lettres patentes d'ottroy et admortissement par lesquelles pour l'usaige que dessus ilz puissent aquérir en vosdicts pays de Brabant, Flandres, Haynnau et autres voz pays de pardeça, jusques à la somme de cinq ou six cens ducatz de rente hors fiefs, rièrefiefs et justice en vous paiant voz droiz ordinaires pour ce à vous deuz. A laquelle somme de v^{c} ou vj^{c} ducatz ilz ont advisé de restraindre ladicte fundacion adfin que en ayez de tant moindre charge, et en ce faisant vous ferez euvre salutaire, et si prieront Dieu pour vous.

(Copie du temps).

II.

Les chief et trésorier des finances de Lempereur ont veu et visité la requeste présentée à Sa Maiesté par les commis et soliciteurs de l'exécucion du testament de feu de tréssainte mémoire le pape Adrien, et les let res de sadicte Maiesté sur ce escriptes à Madame et ausdicts des finances, et après avoir sur le tout communiqué ensemble, considéré que dès pièça lesdicts des finances du vivant de nostredict saint père avoient baillé advis que par Lempereur lui fust consenti admortissement de beaucop plus grant somme que ce que à present ilz requièrent, il semble ausdicts des finances que en ensuyvant le bon plaisir de Lempereur sadicte Maiesté peut bien consentir ausdicts supplians lettres d'admortissement pour povoir acquérir ès pays de Brabant, Flandres, Haynau ou autres jusques à la somme de sept cens livres, de xi gros la livre, de rente par an, hors fief, rière-fief et justice, et endessoubz, au prouffit du collège, touché esdictes lettres, moyennant finances, à l'arbitraige des gens des comptes à Bruxelles en Brabant, à condition que pardessus ce, sur lesdictes vij^{c} livres ou ce qui en sera acquis, Lempereur aura et retiendra pour recongnoissance de son intérest, oultre et pardessus ladicte finance, le xxve denier de ladicte acquisicion de rente. Assavoir sur cent livres de xi gros, la somme de qua re livres dudict pris et ainsi du plus ou du moins jusques ausdicts vij^c livres. Mais que en tauxant et arbitrant ladicte finance, lesdicts comptes, considéré la rétencion de ladicte rente dudict xxve denier, auront regard à tauxer icelle finance de tout plus gracieusement à la raison, et payer ladicte retencion de rente dudict xxve denier ès mains du receveur du demaine du quartier, où ledict acquest se fera au prouffit de Lempereur, soit en Brabant, Flandres, Haynnau ou ailleurs. Et à ceste fin, après que les lettres de cest admortissement seront enregistrées et intérinées en la chambre desdicts comptes à Bruxelles et ladicte finance payée et acquitée, lesdicts supplians à chascune fois qu'ilz auront fait aucuns acquestz, tantum ausdicts vij^c livres, seront tenuz de endedens ung an après en porter la vraye et juste déclaration en la chambre des comptes des pays où lesdicts acquestz seront faiz, pour les employer audict admortissement jusques au plain furnissement desdictes vij^c livres. Assavoir se iceulx acquest sont faiz au pays de Brabant, ou ès pays sortissans en la chambre des comptes audict Bruxelles, en ladicte chambre des comptes à Bruxelles, et se aucuns en estoient faiz au pays de Flandres, Haynnau ou autres sortissans en la chambre des comptes à Lille, en ladicte chambre des comptes à Lille. Et se c'estoit au pays de Hollande ou Zeellande en la chambre des comptes à La Haye, en Hollande. Pour en toutes lesdictes chambres y faire enregistrer lesdictes lettres d'amortissement avec lesdicts acquestz et les y employer à charge de faire en chascun pays par ledicts receveurs du domaine qu'il appartient, recouvrer ladicte rente dudict xxve denier de la valeur et somme desdicts acquestz, chascun en son regard et équipolent, comme il appartient. Fait à Malines le viij^e jour de Novembre xv^c et xxv.

A. DE LALAING. RUFFAULT.

(Original).

III.

Charles, etc. A nos amez et féaulx les chancellier et gens de nostre conseil et de noz comptes en Brabant, résidens à Bruxelles, mayeur, receveur et autres officiers à Louvain et à tous noz autres justiciers, officiers et subgectz de nostre pays et duché de Brabant cui ce regardera, salut et dilection. De la part des commis et solliciteurs de l'exécution du testament de feu de tres saincte mémoire le pape Adrien. Nous a esté exposé comment par autres noz lettres patentes et pour les causes y contenues, meisment pour accomplir et exécuter ledict testament et meisment pour l'érection d'ung collège en nostredicte ville de Louvain, auquel seront receuz, nourriz, eslevez et endoctrinez certain nombre de povres estudians en la saincte théologie pour l'exaltacion de la saincte foy catholicque, nous leur avons octroyé, consenti et accordé de povoir acquérir en noz pays de Brabant, Flandres, Haynnau ou autres jusques à la somme de sept cens livres, du prix de XI gros de nostre monnaye de Flandres la livre, et endesoubz, de rente héritière et perpétuelle par chascun an en parties hors fief, rièrefief et justice, sur pluiseurs charges et condicions, contenues et déclarées en nosdictes lettres patentes qui ont esté vériffiées et intérinées en nostre chambre des comptes audict Bruxelles comme en tel cas est requis. Et combien qu'il ne fuist et ne soit loisible à personne de inquiéter, troubler et empescher lesdicts exposans en la joyssance de nosdicts octroy, consentement et accord, de tant plus qu'il s'est faict pour œuvres pieuses et favorables à l'augmentacion et soustenement de nostredicte saincte foy catholicque. Néantmoings les bourgmaistres, eschevins et conseil de nostredicte ville de Louvain et autres mayeurs, eschevin et gens de loy de nostre mayerie dudict Louvain et juges subalternes de nostredict pays de Brabant, quant lesdicts exposans veullent acquérir aucunes terres, rentes ou biens hors fief, rièrefief et justice, font reffuz de les en voulloir adhériter aux charges contenues en nosdictes lettres, ou quant aucuns bons personnaiges meuz de devocion en veullent faire dons ausdicts exposans au prouffit dudict collège, disans que lesdicts dons ou acquestz se feroient contre la teneur de nostredict octroy et qu'ilz ne se pevent entendre estre comprins en icelluy, ou contre la teneur des lettres par nous accordées à nostre joyeuse entrée audict pays de Brabant, au grant préiudice, interrest, dommaige et retardement de ladicte fondacion et plus seroit se par nous ne leur estoit sur ce pourveu de provision et remède convenable requérant instamment icelle. Pour ce est-il que nous, les choses dessus dictes considérées, meisment les grans plaisirs à nous faitz par ledict feu s.t père à l'augmentacion de noz estatz en diverses manières, voulons et vous mandons par ces présentes que vous faictes et souffrez paisiblement et entièrement joyr et user lesdicts exposans de nosdicts octroy, accord et consentement de povoir acquérir lesdictes vij^c livres de xi gros de rente héritable et perpétuelle, soit en rentes ou en fons de terre ou autres quelzconques biens immeubles selon icelles noz lettres, soit par achat, dons et aulmosnes que on leur en pourroit faire par testamens ou autrement par quelconque tiltre lucratif que ce soit, en partyes hors fief, rièrefief et justice, moyennant que la somme n'excède lesdictes vij^c livres de rente, et aux charges et condicions contenues en nosdictes lettres, en contraignant ou faisant contraindre lesdicts de Louvain et autres juges qu'il appartiendra, réallement et de fait nonobstant nosdictes lettres accordées à nostredicte joyeuse entrée opposicion ou appelacion faictes ou à faire et sans préiudice d'icelles, de adhériter lesdicts exposans ès rentes et partyes par eulx acquises ou à acquérir jusques à la somme dessus dicte, sans plus de contredict ou délay. De ce faire vous donnons povoir et mandement etc. Nonobstant, etc., car, etc. Donné, etc. *(Minute).*

Apostille : Il semble aux chief et trésorier des finances que l'empereur puet bien faire despescher ces lettres, ou en la substance de ceste minute. Faicte le XI[e] jour de mars XV[c] XXX (1531 n. st.).

A. DE LALAING. RUFFAULT.

Ces documents se trouvent aux Archives du Royaume dans le fonds des *Cartulaires et manuscrits. Manuscrits divers.* Ils sont reliés ensemble, et forment à eux seuls un volume.

APPENDICE II.

Extrait tiré de l'ouvrage intitulé : *Coup-d'œil sur l'histoire politique et religieuse de la Belgique*, par le Dr Théod. Van Doren. Bruxelles 1882, pp. 154-156.

Si les conservateurs, c'est à dire le parti catholique, montraient de la répugnance à se réunir à la France, il y avait cependant quelques Vonckistes ou Joséphistes qui étaient aussi opposés à la réunion. De ce nombre était Philippe Raoux, ex-conseiller du conseil souverain du Hainaut, mort en 1839. Dans un mémoire sur le projet de réunion *de la Belgique à la France*, il fit entendre au comité du salut public de courageuses paroles : « Dès la première entrée des républicains dans la Belgique en 1792, disait-il, la Convention a dû voir que *la Belgique ne voulait pas changer son antique Constitution* contre celle nouvellement née en France, ni demeurer française à cette conditlon. La circonstance était pourtant des plus heureuses ; je puis attester que la haine de l'Autriche était alors dans la plupart des cœurs, dans le cœur de tous les patriotes de 87 et 90; je puis attester que les Français étaient attendus et désirés avec une sorte d'impatience.

Eh bien, ils n'étaient pas sitôt arrivés dans un endroit qu'on en était las, que la joie qu'on avait d'abord montrée était convertie en tristesse, et les acclamations en morne silence. Cependant le peuple n'avait pas alors à se plaindre, comme cette fois, ni de la circulation forcée des assignats, ni des réquisitions de denrées et de marchandises. D'où venaient donc ce changement si prompt, cette aversion si marquée? C'est que l'espérance du peuple fut trompée; c'est qu'on le blessa par l'endroit le plus sensible. *Les Français comme un torrent rapide et dévastateur renversèrent en un clin d'œil toutes ses institutions politiques;* et s'ils n'osèrent renverser aussi vite ses institutions religieuses, ils versèrent du moins sur elles à pleines mains ces sarcasmes outrageants, ces mépris ironiques qui sont si familiers à la nation française et qui ulcérèrent profondément le peuple belge si attaché à sa religion et à ses usages.

En général, dit Montesquieu, « les peuples sont très attachés à leurs coutumes; les leur ôter violemment, c'est les rendre malheureux. » Le Belge, plus qu'aucun autre peuple, tient à ses anciens usages et on ne viendra pas à bout de l'en détacher en un jour. C'est cet attachement qui produisit les insurrections de 1787 et de 1789. Il résulte de là une observation bien frappante : c'est que les révolutions des Pays-Bas et de France, quoique faites à la même époque, et par deux peuples contigus, avaient néanmoins *des objets tout opposés. L'une avait pour but de tout conserver; l'autre de tout changer...*

A moins que le gouvernement, continue M. Raoux, ne veuille se faire illusion, il doit savoir que le vœu des Belges est de rester Belges, et *non d'adopter la Constitution française avec ses accessoires*. Ils n'ont vu jusqu'ici dans le nouveau régime que des désastres et de la misère; tandis que, *sous l'égide de leur ancienne Constitution, ils ont constamment goûté le bonheur et l'abondance. Les Belges en général, et les Brabançons en particulier, sont enthousiastes de leur Constitution, malgré les défauts qu'on prétend y apercevoir*. Ils ne veulent pas abandonner un *bien précieux* qu'ils connaissent et dont ils ont joui longtemps pour un *mieux* que personne ne connaît encore et qu'on ne voit qu'à travers une perspective de longs malheurs.

Si la France avait joui des institutions observées dans la Belgique, elle n'aurait certainement pas fait sa révolution, qui a été amenée et pour ainsi dire nécessitée par les grands abus dont fourmillait son ancien régime. La Belgique n'était pas travaillée par ces abus; *c'était le pays le plus heureux et le plus abondant de l'Europe.* Les finances de l'Etat n'étaient pas obérées; la noblesse n'était pas insolente; le clergé n'était pas entaché de corruption ni de fatuité; la magistrature n'était ni vénale ni héréditaire; elle était ouverte à tous les talents, sans distinction de naissance; la plupart des emplois étaient entre les mains de la nation; la justice ne s'y rendait pas par la faveur des jolies femmes, ou par l'influence de l'argent; *l'agriculture était presque dans son état de perfection et le cultivateur fort à son aise;* le commerce florissait; le peuple n'était pas dans la misère ni écrasé d'impôts; il jouissait, à l'abri des lois et de la Constitution du pays, d'une liberté modérée; il ne sentait donc pas le besoin du changement, et l'échantillon qu'il en a sous les yeux n'est pas de nature à le lui faire désirer.....

Examinant la question sous le rapport des intérêts matériels, M. Raoux s'était exprimé en ces termes : « Sous un grand point de vue, il est certain que cette réunion serait avantageuse à la Belgique : l'histoire prouve que, depuis trois cents ans, ce beau pays a été constamment victime des querelles de la maison d'Autriche et de sa rivalité avec la France; que cinq ou six fois chaque siècle, il a été dévasté par des guerres affreuses qui n'étaient jamais entreprises pour son utilité; qu'il ne contient pour ainsi dire aucune plaine qui n'ait été abreuvée du sang de plusieurs milliers d'hommes; enfin que tant qu'il restera sous la domination autrichienne, ce retour périodique de calamités et de désastres ne peut manquer d'avoir lieu.

D'après ces faits, que la présente guerre a renouvelés d'une manière bien affligeante, il est évident qu'il serait de l'avantage de la Belgique d'être soustraite au joug autrichien, et qu'étant incorporée à la France, elle jouirait d'une paix plus durable, surtout si le Rhin servait de limites. Alors n'étant plus frontière, elle ne serait plus exposée à être le théâtre de la guerre, si jamais elle venait à se rallumer. Il est sensible aussi que la réunion serait profitable au commerce de la Belgique, dont les communications avec la France et la Hollande, par les trois fleuves, ne seraient plus sujettes à aucune entrave.

Malgré ces avantages, qui sont immenses et à la portée d'être sentis par toutes les classes du peuple, il n'est que trop certain que la très grande majorité de ce peuple craint la réunion et la regarderait comme une calamité publique. A l'instant où cette nouvelle serait proclamée officiellement, des ruisseaux de larmes couleraient dans l'intérieur des familles ; en public même l'affliction serait peinte sur les visages des quatre cinquièmes de la nation, tandis qu'une joie immodérée et bruyante rayonnerait sur ceux de la petite minorité.

Cette disposition du peuple belge ne doit pas être inconnue aux comités du gouvernement ; malgré les mensonges qu'on vient débiter à la barre, et quelquefois même à la tribune de la Convention, il est constant que ce qu'on appelle *le système français n'est nullement de son goût*. Je ne prétends point qu'on m'en croie sur parole ; mais qu'on le laisse parler librement et on entendra sa réponse.... »

TABLE DES MATIÈRES.

SEMPER FIXUS

www.ingramcontent.com/pod-product-compliance
Ingram Content Group UK Ltd.
Pitfield, Milton Keynes, MK11 3LW, UK
UKHW021100220726
13924UKWH00005B/2175